Berufssprache für ausländische Pflegekräfte

Deutsch im Krankenhaus

Lehr- und Arbeitsbuch

von Ulrike Firnhaber-Sensen und Gabriele Schmidt

Langenscheidt

Berlin · München · Wien · Zürich · New York

Herausgegeben von Jürgen Bolten
Layout, Umschlaggestaltung und sämtliche Zeichnungen: Jürgen Bartz
Umschlagfoto: Bjarne Geiges
Fotografie: Frank Sensen, Elisabeth Mitterwallner
Redaktion: Jutta Günther, Hans-Heinrich Rohrer

Zum Lehrwerk gehören:
– Lehr- und Arbeitsbuch 3-468-49426-2
– Hörkassette   3-468-49428-9
– Lehrerhandreichungen 3-468-49427-0

Dieses Lehrwerk folgt der reformierten Rechtschreibung entsprechend den amtlichen Richtlinien.

Auflage: 9.   8.   7.   6.   letzte Zahlen
            05   04   03   02   maßgeblich

© 1994 Langenscheidt KG, Berlin und München

Druck: Druckhaus Langenscheidt, Berlin
Printed in Germany · ISBN 3-468-49426-2

Deutsch im Krankenhaus ist ein Lehr- und Arbeitsbuch für ausländische Krankenschwestern und Krankenpfleger, die in einem deutschen Krankenhaus oder Pflegeheim arbeiten und ihre Deutschkenntnisse verbessern möchten. Anhand des Arbeitsablaufs auf einer Station werden alle sprachlich relevanten Fertigkeiten vermittelt. Das reicht von Gesprächen mit Patienten und Angehörigen über das Telefonieren innerhalb des Krankenhauses bis hin zum Ausfüllen von Formularen.

Neben dem Ausbau der sprachlichen Handlungsfähigkeit steht die Sensibilisierung für die spezifische Arbeitssituation in einem deutschen Krankenhaus im Mittelpunkt.

Das Lehrwerk setzt auf Grundstufenniveau ein und kann sowohl kurstragend als auch kursbegleitend eingesetzt werden. Deutsch im Krankenhaus ist ein praxisorientiertes und zielgruppenspezifisch fundiertes Lehrwerk. Die Auswahl der Kommunikationssituationen basiert auf einem vom Ministerium für Wissenschaft und Forschung NRW geförderten Forschungsprojekt über Kommunikationsverhalten im Krankenhaus. Das Unterrichtsmaterial wurde im Unterricht Deutsch für ausländisches Krankenpflegepersonal erprobt.

Besonderer Dank gilt Dr. med. Frank Sensen für die engagierte ärztliche Beratung und die Anfertigung der Fotografien sowie Karin Welling für die hilfreiche Durchsicht des Manuskripts in Bezug auf die krankenpflegerischen Aspekte. Herzlichen Dank auch an die Krankenschwestern und die anderen Freunde für ihre Mitwirkung bei der Erstellung der Fotografien, die mit freundlicher Unterstützung in den Medizinischen Einrichtungen der Heinrich-Heine-Universität Düsseldorf und des Universitätsklinikum rechts der Isar, München, aufgenommen wurden.

Die Autorinnen

Ulrike Firnhaber-Sensen, Jg. 1965.
Examinierte Krankenschwester, M. A., Lehrbeauftragte für Deutsch als Fremdsprache

Gabriele Schmidt, Jg. 1962.
Wissenschaftliche Mitarbeiterin im Bereich Deutsch als Fremdsprache an der Heinrich-Heine-Universität Düsseldorf/Institut für Internationale Kommunikation

In **Deutsch im Krankenhaus** werden folgende Symbole verwendet:

 Hörverstehensübung (Text auf der Hörcassette)

 Schreibübung

 Partnerübung

 Übung/Spiel in der Gruppe, Rollenspiel

 Grammatikübung

 Vokabelseite (jeweils am Lektionsende)

Am Ende des Lehrwerks befindet sich das Vokabelregister, in dem für Pflegepersonal relevante Vokabeln aufgeführt sind.

In diesen Merkkästen

> In Deutschland gibt man sich beim Vorstellen und bei der offiziellen Begrüßung meistens die Hand!

sind landeskundliche und für den Berufsalltag wichtige Hinweise zu finden.

Didaktisch-methodische Erläuterungen, Lösungen zu einzelnen Übungen sowie fach- und berufsspezifische Hinweise befinden sich in den Lehrerhandreichungen.

Inhaltsverzeichnis

Sie arbeiten bald als Krankenschwester/
Krankenpfleger an einem deutschen Krankenhaus.
Welche Erwartungen und Wünsche haben Sie?
Wovor haben Sie Angst?

A 1 **Ergänzen Sie bitte die Wörter aus dem Schüttelkasten.**
Finden Sie gemeinsam neue Beispiele.

nette Kollegen

Erwartungen

fremde Kultur — Ängste

moderne Technik	*Patienten*	*nette Kollegen*
unfreundliche Kollegen	*fremde Kultur*	*neue Arbeiten*
deutsche Sprache	*Familientrennung*	*gutes Gehalt*

A 2 Die Hierarchie der Krankenschwestern und Krankenpfleger in Deutschland
Schreiben Sie bitte die Wörter in die Grafik.

> *die ~~Administration~~ (Sg.)*
> *die Krankenpflegeschülerin (-nen)/ der Krankenpflegeschüler (-)*
> *die Krankenschwester (-n)/ der Krankenpfleger (-)*
> *die Pflegedienstleitung (-en)/ die Oberin (-nen)*
> *die Arbeit auf der Station*

_____

die Oberschwester (-n)/ der Oberpfleger (-)

_____

die Stationsschwester (-n)/ der Stationspfleger (-)

_____

die Krankenpflegehelferin (-nen)/ der Krankenpflegehelfer (-)

_____

die Administration

_____

A 3 Schreiben Sie bitte die richtigen Sätze (1 – 4) unter die Fotos.
Die Fotos sind in falscher Reihenfolge.

1. Das ist Schwester Jasmina. Sie kommt aus Rumänien. Sie hat heute ihren ersten Arbeitstag in Deutschland.
2. Jetzt muss sie zur Oberschwester gehen. Die Oberschwester heißt Schwester Hiltrud.

Sie leitet den Pflegedienst in der chirurgischen Klinik. Sie arbeitet in der Administration.
3. Schwester Jasmina begrüßt Pfleger Jörg und Krankenpflegeschülerin Renate.
4. Schwester Jasmina begrüßt Schwester Marion.

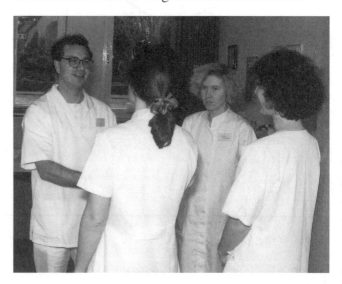

_____

_____

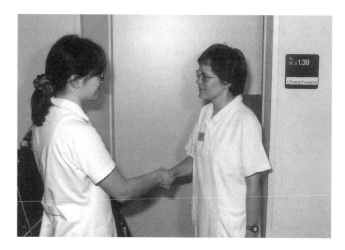

In Deutschland gibt man sich beim Vorstellen und bei der offiziellen Begrüßung meistens die Hand!

Wie ist das in Ihrem Heimatland?

Der erste Arbeitstag

1 *Schwester Jasmina geht zum Büro der Oberschwester.*
Die Oberschwester, Schwester Hiltrud, begrüßt sie.
S. Hiltrud: Guten Morgen, Schwester Jasmina!
Schön, dass Sie da sind.
5 **S. Jasmina:** Guten Morgen, Schwester Hiltrud!
S. Hiltrud: Ich bringe Sie direkt auf die Station C4.
Das ist eine chirurgische Station.
Schwester Hiltrud und Schwester Jasmina fahren mit
dem Aufzug in die vierte Etage. Dort ist die Station
10 *C4. Im Schwesternzimmer sind die Schwestern und*
Pfleger von C4.
S. Hiltrud: Guten Morgen! Ich bringe Ihnen Ihre
neue Kollegin. Das ist Schwester Jasmina.
S. Marion: Guten Tag, ich heiße Marion und bin die
15 Stationsschwester.
S. Jasmina: Guten Tag!
S. Hiltrud: Ich wünsche Ihnen einen guten Start,

auf Wiedersehen!
S. Jasmina: Danke, auf Wiedersehen!
20 **S. Marion:** So, dann stelle ich dich jetzt den Kolle-
gen vor. Wir duzen uns hier auf der Station.
S. Jasmina: Wie bitte?
S. Marion: Wir duzen uns. Wir sagen „du" zu den
Kollegen.
25 **S. Jasmina:** Ach so.
Pfl. Jörg: Hallo, ich bin Pfleger Jörg.
S. Jasmina: Guten Tag, ich bin Jasmina. Ich habe
deinen Namen nicht verstanden.
Pfl. Jörg: Jörg. Das schreibt man J-Ö-R-G.
30 **Sch. Renate:** Und ich bin Schülerin Renate.
S. Jasmina: Guten Tag.
Pfl. Holger: Hallo, Jasmina. Ich heiße Holger.
Ich bin Krankenpfleger. Woher kommst du?
S. Jasmina: Ich komme aus Rumänien.

A 4 Ordnen Sie bitte die Namen im Text den Funktionen auf der Station zu.
Schreiben Sie Sätze.

1	Jörg		a	die Oberschwester (-n)
2	Renate	1	b	der Krankenpfleger (-)
3	Hiltrud		c	die Krankenschwester (-n)
4	Marion		d	der Krankenpfleger (-)
5	Holger		e	die Krankenpflegeschülerin (-nen)
6	Jasmina		f	die Stationsschwester (-n)

Jörg ist der Krankenpfleger.

A 5 👥 **Fragen Sie bitte Ihren Nachbarn nach seinem Namen und buchstabieren Sie.**

① Wie heißt du?

  ❷ Ich heiße Peter Miller.

① Wie bitte? Kannst du das bitte buchstabieren?

  ❷ Peter, das ist mein Vorname,
P-E-T-E-R.
Miller ist mein Nachname.
Das schreibt man
M-I-L-L-E-R.

Das Alphabet		
Buchstabe		*Aussprache*
A	**a**	*a*
B	b	*be*
C	c	*tse*
D	d	*de*
E	**e**	*e*
F	f	*ef*
G	g	*ge*
H	**h**	*ha*
I	**i**	*i*
J	j	*jot*
K	k	*ka*
L	l	*el*
M	m	*em*
N	n	*en*
O	**o**	*o*
P	p	*pe*
Q	q	*ku*
R	r	*er*
S	s	*es*
T	t	*te*
U	**u**	*u*
V	v	*fau*
W	w	*we*
X	x	*iks*
Y	y	*üpsilon*
Z	z	*tset*
	ß	*estset*

Die Umlaute:
Ä   ä
Ö   ö
Ü   ü

A 6 „Du" oder „Sie"? Ordnen Sie bitte
die Gesprächspartner ein.

das Kind(-er) *die Oberschwester(-n)* *die unbekannte Person(-en)*
die Freundin(-nen) *die Familie(-n)* *die Ärztin(-nen)* *der Patient(-en)* *der Freund(-e)*

Sie	du
die Ärztin (-nen)	*die Freundin(-nen)*

A 7 Tragen Sie bitte die Redemittel in die Tabelle ein.
Finden Sie noch andere Möglichkeiten im Dialog?

Guten Tag!	*Entschuldigung, wie heißen Sie?*	*Woher kommen Sie?*	~~*Wie bitte?*~~	*Guten Abend!*
Ich heiße …	*Grüß Gott!*	*Tschüss!*	*Ich habe Sie nicht verstanden.*	

begrüßen	sich vorstellen	sich verabschieden	nachfragen
_____	_____	_____	*Wie bitte ?*
_____	_____	_____	_____
_____	_____	_____	_____
_____	_____	_____	_____

A 8 Hören Sie bitte den Dialog und füllen Sie die Lücken aus.

Personalbogen

Name: _____

Vorname: _____

Station: _____

Beruf: _____

Herkunftsland: _____

A 9 Spielen Sie bitte die Situationen. Benutzen Sie die Redemittel aus A 7.

a) Sie sind eine ausländische Krankenschwester, Ihr Partner ist Oberschwester. Die Oberschwester bringt Sie auf die Station. Spielen Sie bitte die Begrüßungssituation mit den neuen Kollegen.

b) Sie sind Stationspfleger. Ihr Partner ist ein ausländischer Krankenpfleger und hat seinen ersten Arbeitstag. Spielen Sie bitte die Begrüßungssituation.

c) Sie sind eine ausländische Krankenschwester. Ihre Partner sind die neuen Kollegen. Sie sagen ihre Namen, aber Sie verstehen sie nicht.

B 1 Welche Zimmer gibt es auf einer Station?

A = das Arztzimmer (-)
T = die Teeküche (-n)
U = das Untersuchungs-
　　zimmer (-)
D = das Dienstzimmer (-),
　　das Schwestern-
　　zimmer (-)
F = der Flur (-e)

PWC = das Personal-WC (-s)
B = das Badezimmer (-), die Dusche (-n)
S = der Spülraum (¨e), der Fäkalienraum (¨e),
　　　der Ausguss (-güsse)
G = der Geräteraum (¨e), das Lager (-)
Ta = der Tagesraum (¨e), der Aufenthaltsraum (¨e)
P = das Patientenzimmer (-)
WC = das WC (-s)

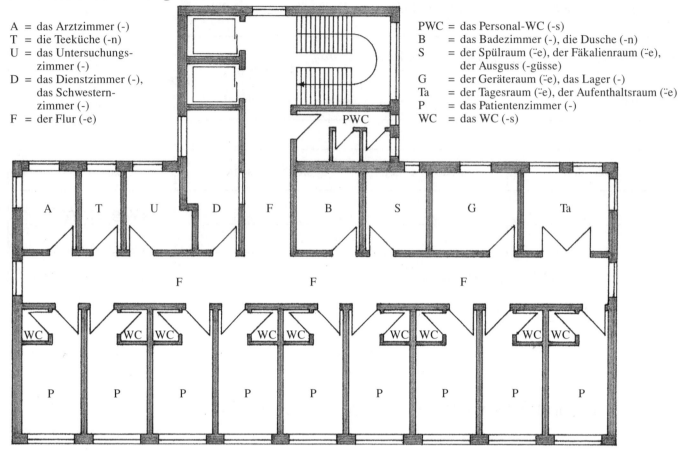

B 2 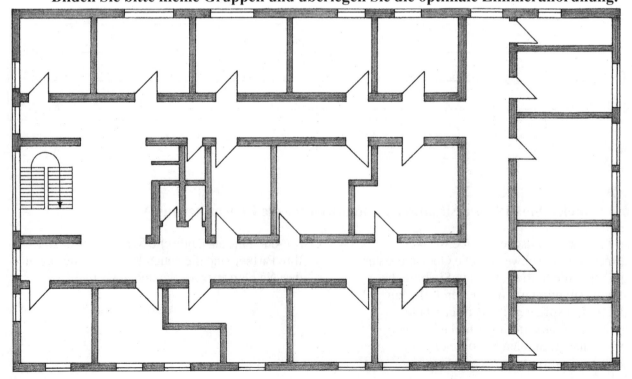 Sie sehen hier einen anderen Grundriss.
Bilden Sie bitte kleine Gruppen und überlegen Sie die optimale Zimmeranordnung.

B 3 ✎ Was passiert in welchen Räumen?

1	Der Arzt telefoniert.		a	der Tagesraum (¨e)
2	Die Patientin schläft.		b	der Spülraum (¨e)
3	Die Ärztin untersucht den Patienten.	1	c	das Arztzimmer (-)
4	Die Bettwäsche liegt im Schrank.		d	das Patientenzimmer (-)
5	Der Patient sitzt auf der Toilette.		e	das Untersuchungszimmer (-)
6	Die Spritzen liegen im Regal.		f	das WC (-s)
7	Der Pfleger badet den Patienten.		g	das Badezimmer (-)
8	Die Schwester schreibt den Essensplan.		h	der Geräteraum (¨e)
9	Der Patient raucht.		i	das Wäschezimmer (-)
10	Die Stationshilfe spült die Waschschüssel.		j	das Schwesternzimmer (-)

Bilden Sie bitte Sätze.

Der Arzt telefoniert im Arztzimmer.

B 4 GR Der Hauptsatz

1.	2.	3.
Im Tagesraum	sitzt	der Patient.
Frau Müller	liest	ein Buch.
Die Schwester	macht	das Bett.

> Das Verb steht im Hauptsatz
> in der 2. Position.

B 5 GR Verben im Präsens

Infinitiv ▶ ▼ Personalpronomen	sagen	arbeiten	kommen	sprechen	sein	haben
			Verbstamm Endung ▼ = ▼			
ich	sag- e	arbeit- e	komm- e	sprech- e	bin	habe
du	sag- st	arbeit- est	komm- st	sprich- st	bist	hast
Sie	sag- en	arbeit- en	komm- en	sprech- en	sind	haben
er, sie, es	sag- t	arbeit- et	komm- t	sprich- t	ist	hat
wir	sag- en	arbeit- en	komm- en	sprech- en	sind	haben
ihr	sag- t	arbeit- et	komm- t	sprech- t	seid	habt
Sie	sag- en	arbeit- en	komm- en	sprech- en	sind	haben
sie	sag- en	arbeit- en	komm- en	sprech- en	sind	haben

B 6 ✎ Bilden Sie bitte Hauptsätze.

der Patient   der Pfleger   er   ich   der Arzt   der Krankenpflegeschüler   die Schwester

+

müde sein   Schmerzen haben   eine Spritze geben   ein Glas spülen   im Arztzimmer schreiben   eine Zeitung lesen   das Bett machen

Der Pfleger macht das Bett.

B 7 Ordnen Sie bitte die Wörter aus dem Schüttelkasten den nummerierten Gegenständen auf den Fotos zu.

---

der Schrank (¨e)   *die Kulturtasche (-n)*   *das Bett (-en)*   *der Nachtschrank (¨e)*

das Fenster (-)   *die Vase (-n)*   *die Schelle (-n), die Klingel (-n)*   *der Stuhl (¨e)*   *der Tisch (-e)*

der Vorhang (¨e)   *die Lampe (-n)*   *die Blume (-n)*   *die Brille (-n)*   *das Fieberthermometer (-)*

das Tablettenschälchen (-)

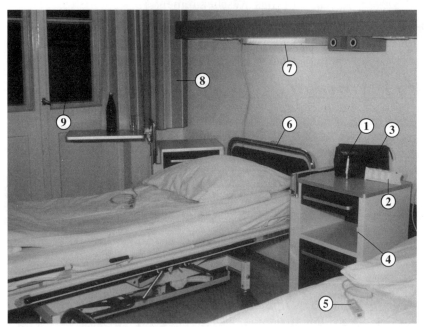

1 *das Fieberthermometer (-)*

2 _____

3 _____

4 _____

5 _____

6 _____

7 _____

8 _____

9 _____

10 _____

11 _____

12 _____

13 _____

14 _____

15 _____

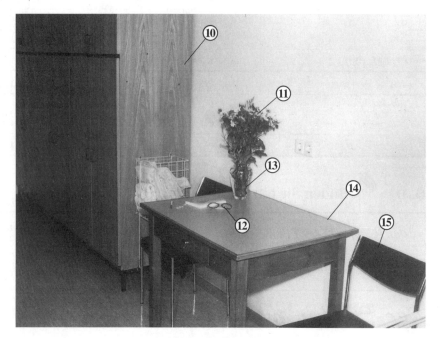

B 8 Ergänzen Sie bitte die Wörter.

Die Stationshilfe Frau Maurer ist in Z _immer_ 8
und räumt auf. Sie wischt den N _____
ab, öffnet das F_____ und gibt den B_____
neues Wasser. Die P_____ Frau Meier liegt
im B_____ und liest ein Buch. Frau Meier fragt
die Stationshilfe: „Ich sehe nicht gut. Können Sie mir

bitte meine B_____ geben? Sie liegt da auf
dem T_____." Die Stationshilfe gibt Frau Meier
die B_____. Dann hängt sie den Morgenrock
in den S_____ und ist fertig. Sie sagt zu
Frau Meier: „Tschüss, bis später!" Sie geht aus dem
Zimmer.

B 9 GR Nomen und Artikel im Nominativ

	Singular			Plural
	Maskulinum	Femininum	Neutrum	
Nominativ (N)	der ⟩ Schrank ein	die ⟩ Lampe eine	das ⟩ Zimmer ein	die ⟍ Blumen

bestimmter Artikel	unbestimmter Artikel	Nomen
der	ein	Schrank
die	eine	Lampe
das	ein	Zimmer

> Lernen Sie Artikel und Nomen immer zusammen!

B 10 Ergänzen Sie bitte die Artikel und Personalpronomen. Beenden Sie bitte die Sätze. Es gibt mehrere Möglichkeiten.

Das ist _eine_ Krankenschwester. _Die_ Krankenschwester _Sie_ _____	D, E, H, I, J
Das ist _____ Buch. _____ Buch _____	
Das ist _____ Vase. _____ Vase _____	
Das ist _____ Krankenpfleger. _____ Krankenpfleger _____	
Das ist _____ Stuhl. _____ Stuhl _____	
Das ist _____ Fenster. _____ Fenster _____	

A	ist aus Glas.
B	ist ein Liebesroman.
C	ist offen.
D	steht neben dem Bett.
E	heißt Bettina.
F	ist geschlossen.
G	ist bequem.
H	kommt aus Hamburg.
I	arbeitet auf der Station C2.
J	ist dick.
K	heißt Ralf.
L	steht auf dem Tisch.

B 11 Tragen Sie bitte die Zahlen ein.

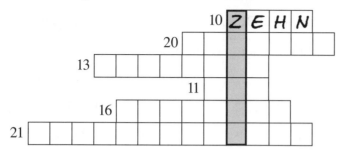

Wie heißt das Lösungswort?

Die Zahlen: 0 – 24

0	null				
1	eins	11	elf	21	einundzwanzig
2	zwei*	12	zwölf	22	zweiundzwanzig
3	drei	13	dreizehn	23	dreiundzwanzig
4	vier	14	vierzehn	24	vierundzwanzig
5	fünf	15	fünfzehn		
6	sechs	16	**sechzehn**		
7	sieben	17	**siebzehn**		
8	acht	18	achtzehn		
9	neun	19	neunzehn		
10	zehn	20	zwanzig		*oder „zwo"

B 12 Hören Sie bitte die Zahlen und notieren Sie sie.

9

B 13 Sehen Sie sich bitte die Patiententafel an. Schreiben Sie weiter.

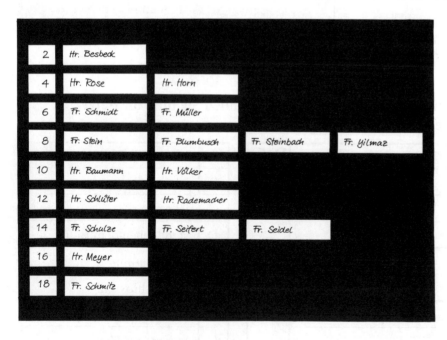

In Zimmer 6 liegen 2 Patienten.
In Zimmer 8 liegen 4 Patienten.
In Zimmer 2 liegt 1 Patient.
In Zimmer 12 …

B 14 Fragen Sie bitte Ihre Mitschüler.

Beispiel:
① Wie viele Patienten liegen in Zimmer 6?
❷ In Zimmer 6 liegen 2 Patienten.

Die Uhrzeit

drei Uhr
15.00   3.00

halb zwölf
11.30   23.30

Viertel vor zehn
9.45   21.45

Viertel nach neun
9.15   21.15

B 15   Frage und Antwort

① Wie viel Uhr ist es?
  ❷ Es ist ein Uhr.
③ Wie spät ist es?
  ❹ Es ist …

B 16   Hören Sie bitte. Tragen Sie die Uhrzeiten ein.

Beispiel: Sie hören: „Es ist Viertel vor eins."   1   2   3

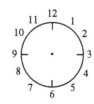 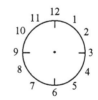 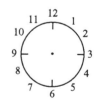 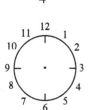

4   5   6   7   8   9

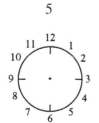 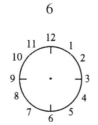 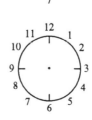 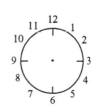 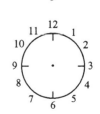

Im Schwesternzimmer von Station C4

1 *Schwester Marion zeigt Schwester Jasmina im Schwesternzimmer*
den Dienstplan.

S. Marion: Die Dienstzeiten stehen auf dem Dienstplan. Hier siehst du:
Der Frühdienst geht von 6 bis 14 Uhr, der Spätdienst geht von

5 12 Uhr bis 20.30 Uhr. Der Nachtdienst geht von 20 Uhr bis 6.30 Uhr.
Hier steht dein Name. Heute hast du Frühdienst.

S. Jasmina: Wie habe ich morgen Dienst?

S. Marion: Morgen hast du Spätdienst von 12 Uhr bis 20.30 Uhr.

Dienstplan C4

Name, Vorname Dienstbezeichnung	Montag 1. 8.	Dienstag 2. 8.	Mittwoch 3. 8.	Donnerstag 4. 8.
Müller, Marion Stationsschwester	6⁰⁰ – 14⁰⁰	6⁰⁰ – 14⁰⁰	6⁰⁰ – 14⁰⁰	6⁰⁰ – 14⁰⁰
Schmitz, Holger Krankenpfleger	6⁰⁰ – 14⁰⁰	6⁰⁰ – 14⁰⁰	Frei	20⁰⁰ – 6³⁰
Nastase, Jasmina Krankenschwester	6⁰⁰ – 14⁰⁰	12⁰⁰ – 20³⁰	12⁰⁰ – 20³⁰	12⁰⁰ – 20³⁰
Jansen, Ruth Krankenschwester	20⁰⁰ – 6³⁰	20⁰⁰ – 6³⁰	20⁰⁰ – 6³⁰	Frei

B 17   **Hier sehen Sie einen Ausschnitt des Dienstplans von C4. Antworten Sie bitte.**

1. Um wie viel Uhr beginnt der Frühdienst auf C4?
       Er beginnt um 6 Uhr.
2. Wann beginnt der Spätdienst auf C4?
3. Wann beginnt der Nachtdienst auf C4?
4. Um wie viel Uhr endet der Frühdienst auf C4?
5. Um wie viel Uhr endet der Spätdienst auf C4?
6. Wann endet der Nachtdienst auf C4?

B 18   **Wie sind die Dienstzeiten in Ihrem Heimatland? Berichten Sie bitte.**

B 19   📼   **Hören Sie sich bitte den Text an.**
Notieren Sie die Dienstzeiten von Schwester Beate im Terminkalender.

1 Montag	**2** Dienstag	**3** Mittwoch	**4** Donnerstag	**5** Freitag	**6** Samstag	**7** Sonntag
6	6	6	6	6	6	6
7	7	7	7	7	7	7
8	8	8	8	8	8	8
9	9	9	9	9	9	9
10	10	10	10	10	10	10
11	11	11	11	11	11	11
12	12	12	12	12	12	12
13	13	13	13	13	13	13
14	14	14	14	14	14	14
15	15	15	15	15	15	15
16	16	16	16	16	16	16
17	17	17	17	17	17	17
18	18	18	18	18	18	18
19	19	19	19	19	19	19
20	20	20	20	20	20	20
21	21	21	21	21	21	21

August   **31.** Woche

B 20 🏃 Partnerübung

Jeder Kursteilnehmer schreibt einen Dienstplan von Montag bis Sonntag auf einen Zettel. Diese Zettel werden ausgetauscht. Nun hat jeder seinen persönlichen Dienstplan. Je zwei Kursteilnehmer sollen sich verabreden. Sie finden in den Freizeittipps Ideen!

Beispiel:

① Kannst du Dienstag um 17 Uhr?

❷ Nein, Dienstag habe ich Spätdienst.

① Kannst du ...?

❷ Ja, da habe ich Frühdienst.

① Dann treffen wir uns um ...

Montag 08. 11.

KINO

Bambi
17.30 Rosa Luxemburg
Hitch
20.00 Grüne Tomaten
22.45 Delicatessen

THEATER

Düsseldorfer Schauspielhaus
19.30 Das Kaffeehaus (Kl. Haus)
Malkasten, Jacobistr. 4
20.00 Alraune
Werkstatt
20.30 Calvin Jackson Company:
"Concert Dance Theater"

Sonstige Veranstaltungen

9.30 Durch den Benrather Forst
Morgenwanderung mit
Franz Joseph Breuer

Mittwoch 10. 11.

KINO

Bambi
17.30 War Games
Black Box
16.00 Madame Bovary
18.00 Cha Cha Cha
20.30 Amnesia

VORTRAG & LESUNG

Abrüstung. Greenpeace, Lienstr. 12, Düsseldorf,
20.00

MUSIK

ZAKK
20.00 Stormy Mondy Blues Band

20.00 Osaka Philharmonic Orchestra

Dienstag 09. 11.

KINO

Metropol
19.00 Hear my Song
19.00 Der schöne Badetag
21.00 Reservoir Dogs
21.00 Night On Earth (OmU)
23.00 Twin Peaks
23.00 Peking Opera Blues
Souterrain
20.30 Der mit dem Wolf tanzt

Opern, Operetten, Ballette

19.30 Schwanensee
Ballett von
Peter I. Tschaikowsky
Deutsche Oper am Rhein
Heinrich-Heine-Allee 16a

Donnerstag 11. 11.

KINO

Hitch
20.15 Halbblut
22.45 Tote tragen keine Karos

DISCO SPECIAL

Oldie Disco Special. Zakk,
Düsseldorf, 21.00

Messen, Märkte

11.00 Antikmarkt

Samstag 13. 11.

KINO

Souterrain
18.00 Das Spiel ist aus
20.00 Grüne Tomaten
22.45 Delicatessen

Sport

15.00 Eishockey
DEG - Schwenninger ERC
Eisstadion, Brehmstraße 27

Messen, Märkte

11.00 Trödelmarkt
Rather Broich

THEATER

18.30 My Fair Lady
von F. Loewe und
Alan J. Lerner
Deutsche Oper am Rhein
Heinrich-Heine-Allee 16a

Freitag 12. 11.

KINO

Souterrain
18.00 Tod in Venedig
20.45 Von Mäusen und Menschen
23.00 Die wahre Geschichte von Männern und Frauen

Sport

16.00 Handball
TURU : TV Niederwürzbach
Sporthalle Ratingen-West
Gothaerstraße

Sonntag 14. 11.

KINO

Hitch
18.00 Carmen
20.15 1492 - Die Eroberung des Paradieses

MUSIK

Deutsche Oper am Rhein
11.00 Benefiz-Konzert für das
Deutsche Rote Kreuz
19.30 Ballett: Schwanensee

20.00 Staatliches Akademisches Sinfonieorchester Russland

v 1   Ergänzen Sie bitte zu folgenden Wörtern aus Lektion eins die Artikel und die
Pluralendungen. Suchen Sie das entsprechende Wort in Ihrer Muttersprache.

———— Krankenhaus ( )   ————————————

———— chirurgische Klinik   ————————————

———— Station ( )   ————————————

———— chirurgische Station   ————————————

———— Pflegedienstleitung ( )   ————————————

———— Oberschwester ( )   ————————————

———— Oberpfleger ( )   ————————————

———— Stationsschwester ( )   ————————————

———— Krankenschwester ( )   ————————————

———— Krankenpfleger ( )   ————————————

———— Krankenpflegeschülerin ( )   ————————————

———— Krankenpflegeschüler ( )   ————————————

———— Kollegin ( )   ————————————

———— Kollege ( )   ————————————

———— Arzt ( )   ————————————

———— Ärztin ( )   ————————————

———— Patient ( )   ————————————

———— Patientin ( )   ————————————

v 2   Suchen Sie bitte in Lektion eins
die Wörter, die Zimmer auf
einer Station bezeichnen.

v 3   Wie heißen die deutschen
Wochentage?

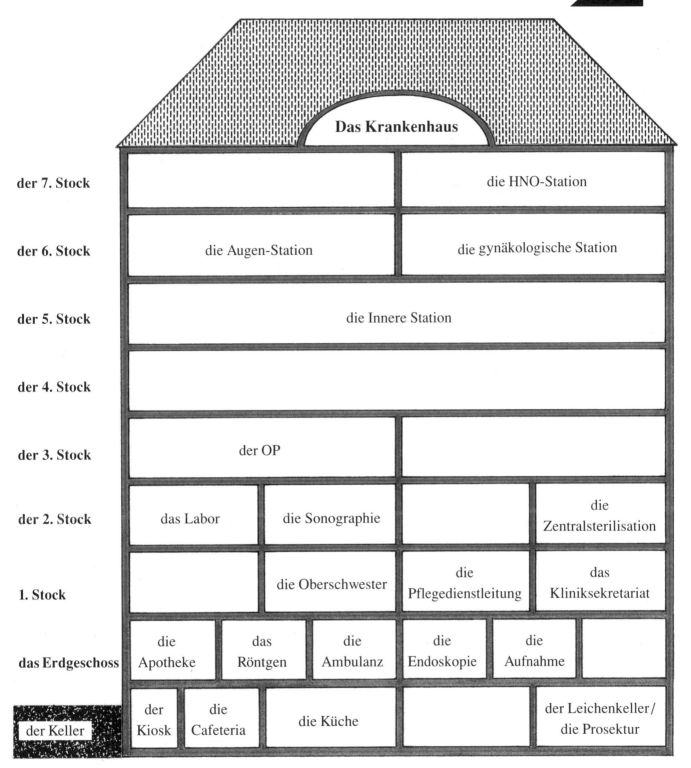

Das Krankenhaus

der 7. Stock		die HNO-Station
der 6. Stock	die Augen-Station	die gynäkologische Station
der 5. Stock	die Innere Station	
der 4. Stock		
der 3. Stock	der OP	

der 2. Stock	das Labor	die Sonographie		die Zentralsterilisation
1. Stock		die Oberschwester	die Pflegedienstleitung	das Kliniksekretariat

das Erdgeschoss	die Apotheke	das Röntgen	die Ambulanz	die Endoskopie	die Aufnahme
der Keller	der Kiosk	die Cafeteria	die Küche		der Leichenkeller/ die Prosektur

A 1 Tragen Sie bitte die Abteilungen aus dem Schüttelkasten in die Skizze ein.

die chirurgische Station   *die Pforte*   *die Personalabteilung*   *die dermatologische Station*

die Intensivstation   *das EKG*   *die Bäderabteilung*

A 2   Wo sind die Abteilungen? Bilden Sie bitte Sätze.

1	Im 1. (ersten) Stock		8 a	die Augen-Station
			b	die gynäkologische Station
2	Im 2. (zweiten) Stock		c	die Cafeteria
			d	die Personalabteilung
3	Im Erdgeschoss		e	der OP (die Operationsabteilung)
			f	die dermatologische Station
4	Im 3. (dritten) Stock		g	die Sonographie
			h	die Pflegedienstleitung
			i	das EKG (= Elektrokardiogramm)
5	Im 4. (vierten) Stock	ist	k	die Ambulanz
			l	das Labor
6	Im Keller		m	das Röntgen
			n	die chirurgische Station
7	Im 5. (fünften) Stock		o	die Intensivstation
			p	die HNO-Station (HNO = Hals-Nasen-Ohren)
8	Im 6. (sechsten) Stock		q	der Kiosk
			r	die Aufnahme
9	Im 7. (siebten) Stock		s	die Innere Station
			t	die Endoskopie

Die Ordnungszahlen

> 1 – 19: **-te**
> 20 – …: **-ste**

der / die / das

1. **erste**	11. elf**te**	20. zwanzig**ste**
2. zwei**te**	12. zwölf**te**	21. einundzwanzig**ste**
3. **dritte**	13. dreizehn**te**	30. dreißig**ste**
4. vier**te**	14. vierzehn**te**	40. vierzig**ste**
5. fünf**te**	15. fünfzehn**te**	50. fünfzig**ste**
6. sechs**te**	16. sechzehn**te**	60. sechzig**ste**
7. sieb**te**	17. siebzehn**te**	70. siebzig**ste**
8. ach**te**	18. achtzehn**te**	80. achtzig**ste**
9. neun**te**	19. neunzehn**te**	90. neunzig**ste**
10. zehn**te**		100. hundert**ste**

A 3 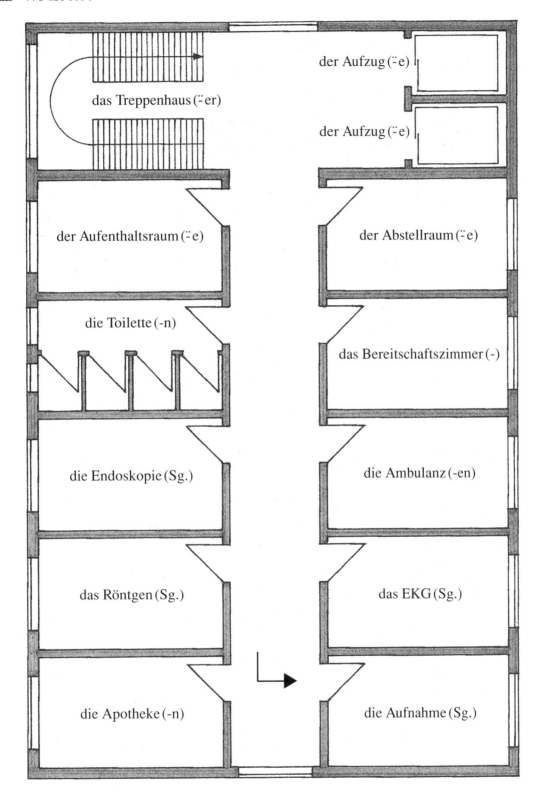 **Wo ist …?**

das Treppenhaus (ᵉer)

der Aufzug (ᵉe)

der Aufzug (ᵉe)

der Aufenthaltsraum (ᵉe)

der Abstellraum (ᵉe)

die Toilette (-n)

das Bereitschaftszimmer (-)

die Endoskopie (Sg.)

die Ambulanz (-en)

das Röntgen (Sg.)

das EKG (Sg.)

die Apotheke (-n)

die Aufnahme (Sg.)

Fragen Sie bitte Ihre Mitschüler.

Beispiel:

① Wo ist die Ambulanz?

❷ Die Ambulanz ist das 3. (dritte) Zimmer rechts / auf der rechten Seite.

Führung durch die Klinik

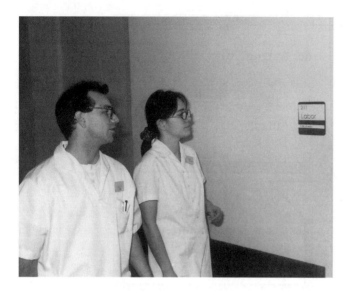

1 *Pfleger Jörg zeigt Schwester Jasmina die Klinik.*
Sie fahren mit dem Aufzug in die 2. (zweite) Etage.
Pfl. Jörg: Auf der zweiten Etage sind das EKG, die
Sonographie, das Labor und die Zentralsterili-
5 sation. Zuerst zeige ich dir das Labor. So, das
Labor ist hier rechts. Hierhin bringen wir das Blut
für die Untersuchungen. Später holen wir hier die
Befunde ab.
S. Jasmina: Was ist das: Befunde?
10 **Pfl. Jörg:** Das sind die Ergebnisse der Untersuchun-
gen. Hier rechts ist unser Fach. Da liegen noch
Befunde von dieser Nacht. Die nehmen wir mit.
So, jetzt gehen wir ins EKG. Dort arbeitet
Schwester Ilka. Sie schreibt die EKGs. Hier sind
15 wir. Ich stelle dich Schwester Ilka vor. Guten
Morgen, Ilka. Das ist meine neue Kollegin,
Schwester Jasmina.
S. Ilka: Guten Tag, Jasmina.
S. Jasmina: Guten Tag.
20 **Pfl. Jörg:** Ich zeige Jasmina das Haus. Wir gehen
direkt weiter. Tschüss.
S. Ilka: Tschüss!
Pfl. Jörg: Hier rechts ist die Sonographie, wir sagen
auch „Sono". Da macht der Arzt Ultraschallunter-
25 suchungen. Jetzt gehen wir zur Zentralsterilisation.

Wir bringen jeden Tag die benutzten Instrumente
hierhin. Mittags holen wir die sterilen Instrumente ab. Jetzt fahren wir in das Erdgeschoss.
S. Jasmina: Und was ist auf den anderen Etagen?
30 **Pfl. Jörg:** Im 3. (dritten) Stock sind die OPs und die
Intensivstation. Im 5. (fünften), 6. (sechsten) und
7. (siebten) Stock sind Stationen. Im 1. (ersten)
Stock sind Büros.
Sie fahren mit dem Aufzug ins Erdgeschoss.
35 **Pfl. Jörg:** Das ist das Röntgen. Das ist unser Fach
für Befunde und Röntgenbilder. Hier links ist die
Ambulanz. Hier rechts ist die Endoskopie. Dahin-
ten ist die Pforte, da sitzt der Pförtner. Da ist
unser Postfach. Die letzte Tür auf diesem Flur ist
40 die Apotheke. Dort holen wir Medikamente.
Daneben ist die Aufnahme. Da müssen neue Patienten hingehen und sich anmelden. Im Gebäude
neben der Klinik ist die Wäscherei, da holen wir
unsere Kittel.
45 **S. Jasmina:** Ja, die Wäscherei kenne ich schon. Da
war ich zur Kittelanprobe.
Pfl. Jörg: Ach so, dann gehen wir jetzt in den Keller.
Wir kaufen am Kiosk Brötchen für unser Frühstück. Im Keller sind auch die Cafeteria und die
50 Bäderabteilung. Die zeige ich dir später.

A 4 Je ein Wort gehört nicht in die Aufzählung. Welches? Streichen Sie bitte das falsche Wort.

1. der Befund (-e)	das Röntgenbild (-er)	das ~~Badezimmer~~ (-)	das Untersuchungsergebnis (-se)
2. die Nacht (¨e)	das EKG (-s)	die Blutuntersuchung (-en)	die Ultraschalluntersuchung (-en)
3. die Bäderabteilung	die Zentralsterilisation	das Frühstück	die Apotheke
4. das Röntgen	das Labor	der Nachtschrank (¨e)	das EKG
5. das Bett (-en)	die Pforte	die Aufnahme	die Bäderabteilung
6. der Pförtner (-)	der Arzt (¨e)	die Krankenschwester (-n)	das Medikamentenschälchen (-)

A 5 Ordnen Sie bitte zu. Die Informationen sind zum Teil im Text.

1	Die Röntgenassistentin arbeitet	a	im Labor.
2	Die Schwester schreibt EKGs	10 b	aus der Apotheke.
3	Die MTA (= Medizinisch Technische Assistentin) untersucht Blut	c	aus der Zentralsterilisation.
4	Neue Patienten müssen sich	d	in der Endoskopie.
5	Man holt sterile Instrumente	e	in der Sonographie.
6	Der Arzt operiert	f	in der Bäderabteilung.
7	Der Patient bekommt Bewegungsbäder	g	im Röntgen.
8	Der Arzt macht Ultraschalluntersuchungen	h	im EKG.
9	Die Endoskopieschwester arbeitet	i	im OP.
10	Man holt Medikamente	j	in der Aufnahme anmelden.

Man holt Medikamente aus der Apotheke.

A 6 📼 Auf welcher Etage sind diese Abteilungen? Hören Sie bitte und notieren Sie.

Abteilung	Etage
die Sonographie	2.
das EKG	
die Endoskopie	
der OP	
die Intensivstation	
die Ambulanz	
die Augen-Station	
die Pflegedienstleitung	
das Röntgen	

A 7 GR **Die Satzstellung**

Im Hauptsatz

1.	2.	3.
Nominativergänzung	Verb	Ergänzung
Die MTA	arbeitet	im Labor.
		.
		.

Ergänzen Sie bitte andere Beispiele aus A 5.

In der W-Frage

1.	2.	3.
Fragewort	Verb	Nominativergänzung
Wo	arbeitet	die MTA?
		?
		?

> Das Verb steht in der W-Frage in der
> 2. Position, das Fragewort in der 1. Position

**Fragewörter in der W-Frage
sind zum Beispiel:**

Wo?	~~*Wann?*~~	*Warum?*	*Wie?*	*Wohin?*
Was?	*Wie viel?*	*Wer?*	*Woher?*	

Man fragt nach

Zeit:	_Wann_ treffen wir uns?	Um 12 Uhr.
Ort:	_____ arbeitest du?	Im Labor.
Menge:	_____ Wasser trinkst du?	2 Liter.
Person:	_____ ist krank?	Der Patient.
Sache:	_____ ist das?	Ein Fieberthermometer.
Art und Weise:	_____ arbeitet sie?	Sie arbeitet gut.
Grund:	_____ ist er im Krankenhaus?	Weil er schwerkrank ist.
Richtung:	_____ bringt sie den Patienten?	Sie bringt den Patienten zum Röntgen.
	_____ kommt er?	Er kommt aus Duisburg.

Die Satzstellung in der Ja-Nein-Frage

1.	2.	3.
Verb	Nominativergänzung	Ergänzung
Arbeitet	die MTA	im Labor?
		?
		?

Das Verb steht in der Ja-Nein-Frage
in der 1. Position!

Wie heißen die Antworten zu den Beispielen?

_____

_____

A 8 Ergänzen Sie bitte das Fragewort.

Wo?   Woher?   ~~Wie?~~   Wer?

Was?   Wann?

Wie heißt die Röntgenassistentin?

_____ liegt Herr Schmitz?

_____ untersucht die MTA?

_____ ist Krankenpfleger?

_____ beginnt der Frühdienst?

_____ kommt Schwester Jasmina?

Sie heißt Frau Müller.

Er liegt im 1. (ersten) Zimmer rechts.

Sie untersucht das Blut.

Holger ist Krankenpfleger.

Der Frühdienst beginnt um 6 Uhr.

Sie kommt aus Rumänien.

A 9 Fragen Sie bitte Ihre Mitschüler.

Jeweils ein Kursteilnehmer wählt einen Gegenstand
aus dem Kasten und schreibt auf einen Zettel, wo der
Gegenstand ist.
Die anderen Kursteilnehmer raten nun den Ort.

Beispiel:
  ① Ist die Schere im OP?
      ❷ Nein.
  ③ Ist sie im Sekretariat?
      ❷ Nein.
  ④ …

Ideen:

die Schere   das Medikamentenschälchen

die Vase   das Röntgenbild   die Spritze

die Waschschüssel   der Befund

… ist

| im Sekretariat.
| im OP.
| in der Sonographie.
| auf der Augen-Station.

Mit dem Nomen **Station** benutzt man zur
Ortsangabe immer die Präposition **auf**.

A 10 👥 Zwei Kursteilnehmer sitzen einander gegenüber. Der eine liest Seite 28, der andere Seite 32.

**Fragen Sie bitte Ihren Partner nach den fehlenden Informationen.
Ergänzen Sie die Tabelle.**

Beispiel:

B: Was ist Frau Müller von Beruf?   A: Sie ist Röntgenassistentin.

A: Wo arbeitet sie?   B: Sie arbeitet im Röntgen.

A: Wo ist das Röntgen?   B: Das Röntgen ist im Erdgeschoss.

B: Was tut Frau Müller?   A: Sie macht Röntgenbilder.

A

Name	Beruf	Abteilung	Etage	Tätigkeit
Frau Müller	Röntgenassistentin			macht Röntgenbilder
Schwester Annette		Augenstation		verteilt Augentropfen
Herr Schmitz	Apotheker		Erdgeschoss	
Frau Seidel		Labor		untersucht Blut
Frau Baum	Köchin		Keller	
Herr Rettich			1. Etage	leitet den Pflegedienst
Frau Schröder		chirurgische Station	4. Stock	
Frau Dr. Reise			7. Stock	behandelt Hautkrankheiten
Herr Otten	Internist	internistische Station		

Pfleger Jörg gibt Schwester Jasmina Aufträge.

Pfl. Jörg: Jasmina, kannst du bitte einige Sachen erledigen?

S. Jasmina: Ja, was denn?

Pfl. Jörg: Schick bitte Frau Seidel zum EKG! Sie kann allein gehen. Bring bitte danach Frau Yilmaz zur Endoskopie.

S. Jasmina: Wo ist die Endoskopie?

Pfl. Jörg: Die Endoskopie ist im Erdgeschoss.

S. Jasmina: O. K..

Pfl. Jörg: Nimm bitte die Kurve von Frau Yilmaz mit! Und hol auf dem Weg schon mal Befunde aus dem Labor.

S. Jasmina geht in Zimmer 14. Dort liegt Frau Seidel.

S. Jasmina: Guten Morgen, Frau Seidel!

Frau Seidel: Guten Morgen, Schwester!

S. Jasmina: Gehen Sie bitte zum EKG!

Frau Seidel: Alleine? Wo ist das denn?

S. Jasmina: Fahren Sie mit dem Aufzug in den 2. Stock! Dann klopfen Sie an der 3. (dritten) Tür auf der linken Seite. Da ist das EKG. Bis gleich dann!

S. Jasmina geht in Zimmer 408 zu Frau Yilmaz.

S. Jasmina: Guten Morgen, Frau Yilmaz! Ich bringe Sie zur Endoskopie, Sie bekommen dort eine Gastroskopie.

Frau Yilmaz: Was ist das?

S. Jasmina: Das ist die Magenspiegelung, der Arzt hat Ihnen das doch gestern erklärt, oder?

Frau Yilmaz: Ja.

S. Jasmina: Gut. Nehmen Sie bitte Ihre Zahnprothese raus! Und möchten Sie noch zur Toilette gehen?

Frau Yilmaz: Nein, ich muss nicht.

S. Jasmina: Gut, ich fahre Sie jetzt mit dem Bett dorthin.

B 1 Ergänzen Sie bitte.

Frau Seidel muss	*zum EKG.*
Die Endoskopie ist	_____
Jasmina holt Befunde aus	_____
Frau Seidel liegt in	_____
Das EKG ist	_____
Frau Yilmaz liegt in	_____
Die Gastroskopie ist die	_____

B 2 GR Imperativ-Formen. Ergänzen Sie bitte die fehlenden Formen.

Infinitiv ▶ ▼ Personalpronomen	bringen	nehmen	erledigen	arbeiten	**an**klopfen
Sg. du		nimm	erledige	arbeite	klopf an
_____ Sie	bringen Sie				klopfen Sie an
Pl. ihr	bringt	nehmt	erledigt	arbeitet	

Infinitiv ▶ ▼ Personalpronomen	haben	sein
Sg. du	hab	sei
_____ Sie		seien Sie
Pl. ihr	habt	seid

Der Imperativ wird von der 2. Person Präsens abgeleitet.	
	Imperativ
Kommst du?	Komm!
Kommen Sie?	Kommen Sie!
Kommt ihr?	Kommt!

B 3 GR **Imperativ-Satzstellung. Ergänzen Sie bitte weitere Beispiele aus dem Dialog auf Seite 29.**

	1. Verb		2. Ergänzung
1.	Schick		Frau Seidel zum EKG!
2.		bitte	!
3.			!
4.			!
5.			!

B 4 **Was gibt es noch alles auf einer Station zu erledigen?**
Ordnen Sie bitte zu und bilden Sie Sätze im Imperativ. Suchen Sie auch eigene Beispiele.

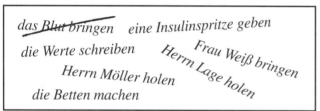

das Blut bringen   eine Insulinspritze geben
die Werte schreiben   Frau Weiß bringen
Herrn Möller holen   Herrn Lage holen
die Betten machen

zum Röntgen   in die Kurve   ins Labor
aus der Notaufnahme   Frau Meyer
in Zimmer 12   aus dem OP

Bring bitte das Blut ins Labor.

B 5 👥 **Wo ist das? Sie sollen etwas erledigen, wissen aber nicht wo.**
Spielen Sie bitte mit Ihrem Nachbarn kurze Dialoge. Benutzen Sie die Skizze auf Seite 21.

1. bringen – Frau Schubert – zum Röntgen

2. holen – Befunde – aus dem Labor

3. kaufen – Brötchen – am Kiosk

4. schicken – Herrn Maier – zum EKG

5. geben – Frau Klein – Tropfen

Beispiel:
   ① Bring bitte Frau Schubert zum Röntgen!
     ❷ Ja, aber – wo ist das Röntgen?
   ① Im Erdgeschoss.
     ❷ O. K.

B 6 📼 **Hören Sie die Telefongespräche und beantworten Sie bitte die Fragen.**

	Telefonat 1	Telefonat 2	Telefonat 3
Wohin geht Jasmina?			
Wen/Was holt sie dort?			
Warum?			

B 7 Wo ist ...? Sie sehen unten den Lageplan einer Klinik.
Fragen Sie bitte Ihren Nachbarn nach folgenden Wegen:

1. von 1 nach 3   2. von 5 nach 13   3. von 3 nach 8   4. von 2 nach 9   5. von 2 nach 12

Benutzen Sie die folgenden Redemittel:

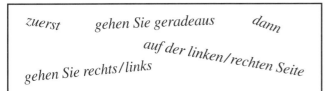

zuerst   gehen Sie geradeaus   dann
auf der linken/rechten Seite
gehen Sie rechts/links

Beispiel:
① Entschuldigen Sie bitte, wo ist hier der Sozialdienst?
❷ Gehen Sie durch die Pforte, dann links und dann geradeaus. Der Sozialdienst ist dann auf der linken Seite.
① Danke!

Lageplan einer Klinik

1 Pforte
2 Verwaltung
3 Sozialdienst
4 Neurologische Klinik
5 Urologische Klinik
6 Frauenklinik
7 Innere Klinik
8 Hautklinik
9 Kinderklinik
10 Augenklinik und
   Hals-Nasen-Ohren-Klinik
11 Wäscherei und Apotheke
12 Chirurgische Klinik
13 Orthopädische Klinik

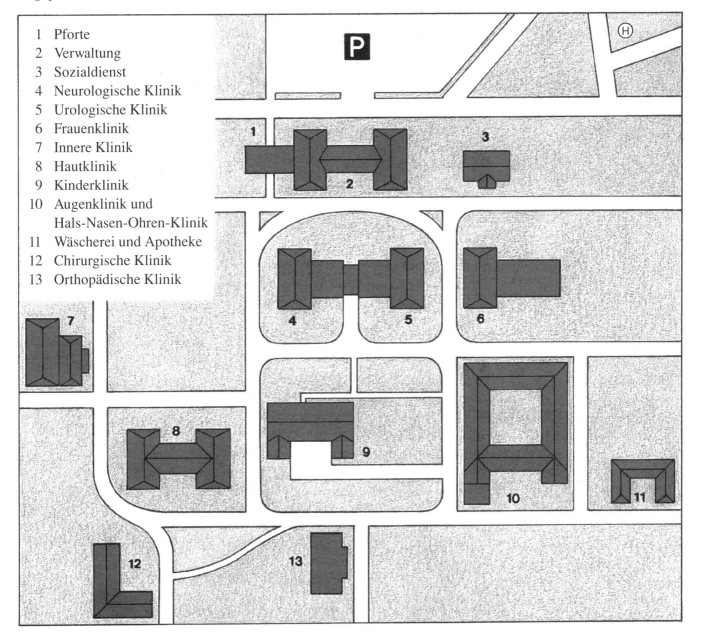

A 10 👥 Zwei Kursteilnehmer sitzen einander gegenüber. Der eine liest Seite 28, der andere Seite 32.

Fragen Sie bitte Ihren Partner nach den fehlenden Informationen.
Ergänzen Sie die Tabelle.

Beispiel:

B: Was ist Frau Müller von Beruf?   A: Sie ist Röntgenassistentin.

A: Wo arbeitet sie?   B: Sie arbeitet im Röntgen.

A: Wo ist das Röntgen?   B: Das Röntgen ist im Erdgeschoss.

B: Was tut Frau Müller?   A: Sie macht Röntgenbilder.

B

Name	Beruf	Abteilung	Etage	Tätigkeit
Frau Müller		Röntgen	Erdgeschoss	
Schwester Annette	Krankenschwester		6. Stock	
Herr Schmitz		Apotheke		bestellt Medikamente
Frau Seidel	MTA		2. Stock	
Frau Baum		Küche		kocht Essen
Herr Rettich	Oberpfleger	Büro		
Frau Schröder	Putzfrau			putzt
Frau Dr. Reise	Hautärztin	dermatologische Station		
Herr Otten			5. Stock	untersucht Patienten

Die Würfel-Klinik

Wer gewinnt und hat zuerst Feierabend?

Spielen Sie zu viert. Wer nicht antworten kann, geht ⇦□□ zwei Schritte zurück.

START	A B C D E 1 Buchstabieren Sie Ihren Namen!	2	3 Gehen Sie ZWEI ■■➡ Schritte vor!	4
9 Nennen Sie fünf Dinge aus einem Patientenzimmer!	8 Nennen Sie die Umlaute!	7 Gehen Sie EINEN □➪ Schritt zurück!	6	5 Nennen Sie drei Stationen, die es im Krankenhaus gibt!
10	Wie heißen 11 die letzten fünf Buchstaben des Alphabets?	12	13 Gehen Sie DREI ■■■➡ Schritte vor!	14
19 Gehen Sie DREI □□□➪ Schritte zurück!	18	17 Stellen Sie sich Ihren Mitspielern vor!	16	15 Nennen Sie drei Zimmer einer Station!
20	Ich arbeite 21 _____ der Station.	22	„OP": 23 welcher Artikel?	24
29 Wie heißt diese Zahl? „16"	28	27 Gehen Sie ⬅■ EINEN Schritt vor!	26	25 Wie spät ist es?
30	Nennen Sie 31 die fünf Vokale!	32	Gehen Sie 33 ⇦□□□ DREI Schritte zurück!	34
FEIERABEND	38	37 Gehen Sie ⬅■■ ZWEI Schritte vor!	36	35 Wie heißen die drei Dienste?

v 1 Suchen Sie bitte in Lektion zwei verschiedene Stationen.
Wie heißen die Wörter in Ihrer Muttersprache?

_____   _____

_____   _____

_____   _____

_____   _____

_____   _____

_____   _____

v 2 Suchen Sie bitte in Lektion zwei Berufe im Krankenhaus.
Vergessen Sie nicht die Artikel und die Pluralformen.

_____

_____

_____

_____

_____

_____

_____

v 3 Ergänzen Sie bitte die Verben.   Wie heißen die Ausdrücke in Ihrer Muttersprache?

eine Insulinspritze _____   _____

Werte in die Kurve _____   _____

Augentropfen _____   _____

EKGs _____   _____

v 4 Welche Wörter für Untersuchungen finden Sie in Lektion zwei?
Schreiben Sie bitte auch die Wörter in Ihrer Muttersprache auf.

_____   _____

_____   _____

_____   _____

_____   _____

A 1 Sehen Sie sich bitte die Bilder an und füllen Sie die Lücken aus.
Orientieren Sie sich an dem Foto links oben.

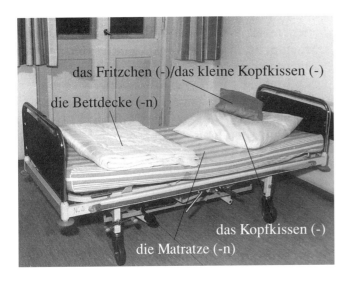

das Fritzchen (-)/das kleine Kopfkissen (-)

die Bettdecke (-n)

die Matratze (-n)

das Kopfkissen (-)

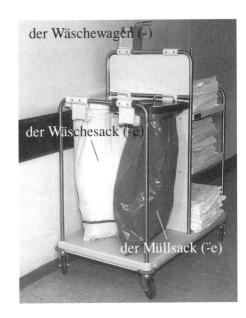

der Wäschewagen (-)

der Wäschesack (-e)

der Müllsack (-e)

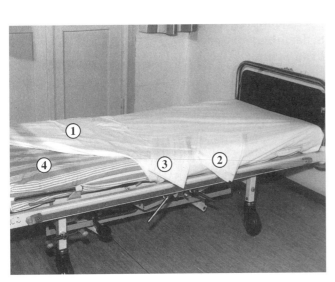

1 das Laken (-)/das Betttuch (-er)

2 das Stecklaken (-)

3 die Papierunterlage (-n)

4 _____

5 _____

6 der Kissenbezug (-e)

7 _____

8 der Fritzchenbezug (-e)

9 _____

10 der Bettbezug (-e)

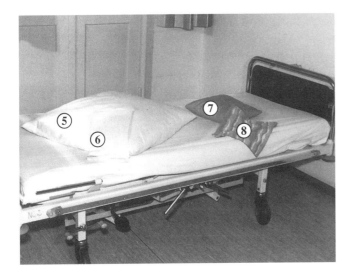

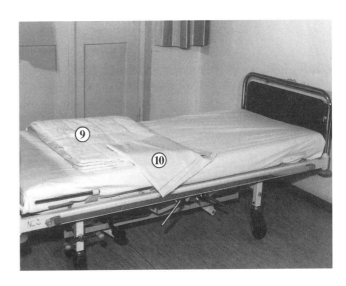

1 *Schwester Marion und Schwester Jasmina gehen mit dem Wäschewagen ins Zimmer 18. Dort liegt Frau Schmitz. Schwester Marion stellt sich Frau Schmitz vor.*

5 **S. Marion:** Guten Morgen, Frau Schmitz. Wir kennen uns noch nicht. Ich bin Schwester Marion.

Frau Schmitz: Guten Morgen!

S. Jasmina: Und ich bin Schwester Jasmina. Stehen Sie bitte auf? Wir möchten Ihr Bett machen.

10 **Frau Schmitz:** Ja klar.

S. Marion: Ich gebe Ihnen Ihren Bademantel, dann können Sie sich auf den Stuhl setzen.

Frau Schmitz: Danke.

S. Marion: Leg die Decke bitte auf den Stuhl da.

15 **S. Jasmina:** Müssen wir sie frisch beziehen?

S. Marion: Ich glaube nicht. Sie sieht noch sauber aus.

S. Jasmina: Aber das Kissen ist schmutzig. Das ziehe ich ab. Gib mir bitte mal einen neuen

20 Kissenbezug.

Schwester Jasmina zieht das Kissen ab und legt es auf den Stuhl.

Frau Schmitz: Haben Sie auch einen neuen Bezug für mein Fritzchen? Das ist dreckig.

25 **S. Marion:** Ja klar.

Schwester Marion bezieht das Fritzchen.

Frau Schmitz: Und die Gummiunterlage? Können Sie sie nicht rausnehmen? Die brauche ich doch

30 nicht mehr.

S. Marion: Ja, die brauchen Sie wirklich nicht mehr. Die war nur nach der Operation nötig. So, Jasmina, hier ist der Kissenbezug. Gib mir den dreckigen Kissenbezug. Ich tue ihn in den

35 Wäschesack.

S. Jasmina: Hier. Frau Schmitz, wie geht es Ihnen denn so im Sitzen?

Frau Schmitz: Och das geht, ich sitze ja auch immer beim Essen am Tisch.

40 *Schwester Marion und Schwester Jasmina ziehen das Laken glatt. Sie schütteln die Decke auf und legen sie auf das Bett.*

S. Marion: So, Frau Schmitz. Ihr Bett ist fertig. Gleich kommt das Frühstück. Vielleicht bleiben

45 Sie ja so lange auf.

Frau Schmitz: Ich versuche es.

S. Jasmina: Bis später.

Frau Schmitz: Tschüss!

A 2 Suchen Sie im Dialog je einen Satz, der zu den Fotos passt.

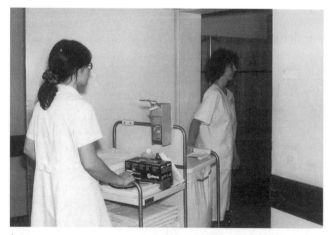

↑
_____

_____

_____

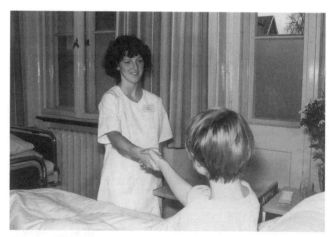

↑
_____

_____

_____

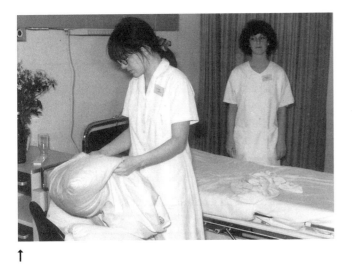

↑

_____

_____

_____

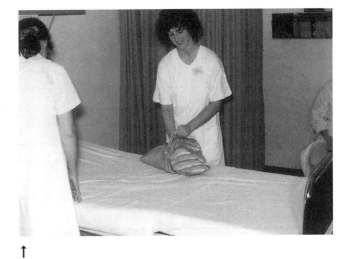

↑

_____

_____

_____

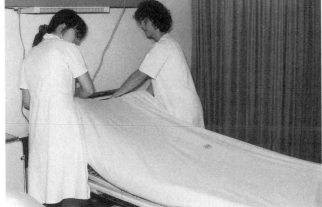

_____

_____

← _____

A 3 Trennbare Verben

Übertragen Sie bitte die Sätze aus dem Schüttelkasten in die Tabelle auf Seite 38.

Frau Schmitz ~~steht~~ auf.   Die Decke sieht noch sauber aus.   S. Jasmina zieht das Kissen ab.

Sie ziehen das Laken glatt.   S. Marion schüttelt die Decke auf.   Frau Schmitz bleibt so lange auf.

	1. Nominativergänzung	2. Verb	3. Mittelfeld	4. Verbzusatz
1.	Frau Schmitz	steht		auf.
2.				
3.				
4.				
5.				
6.				

Wie heißen die Verben im Infinitiv?

1. _aufstehen_

2. _____

3. _____

4. _____

5. _____

6. _____

A 4 [GR] Trennbare Verben

ab ⎫
glatt ⎬ -ziehen
aus ⎭

Die Schwester <u>zieht</u> die Bettdecke <u>ab</u>.

Der Pfleger <u>zieht</u> das Laken <u>glatt</u>.

Die Patientin <u>zieht</u> das Nachthemd <u>aus</u>.

aber:

be<u>zie</u>hen

Schwester Jasmina <u>bezieht</u> das Bett.

er<u>zie</u>hen

Die Eltern <u>erziehen</u> das Kind.

> Verben mit den Vorsilben
> be-, emp-, ent-, er-, ge-, hinter-, miss-, ver- und zer-
> sind **nicht** trennbar. Die Vorsilben werden nicht betont.
> Verben mit anderen Vorsilben sind in der Regel trennbar.
> Die Vorsilben werden betont.

A 5 [📼] Notieren Sie bitte die Verben, die Sie hören. Machen Sie da ein Zeichen, wo ein Verb betont wird. Ist das Verb trennbar oder nicht trennbar?

an/fangen

_____

_____

A 6 Auf dem Kalenderblatt sehen Sie, was Jasmina am Mittwoch macht. Notieren Sie bitte ganze Sätze.

17 Juli Mittwoch		Juli							
		27	1	2	3	4	5	6	7
		28	8	9	10	11	12	13	14
		29	15	16	17	18	19	20	21
		30	22	23	24	25	26	27	28
		31	29	30	31				

7.00	
30	aufstehen
8.00	
30	frühstücken
9.00	
30	
10.00	Brot und Milch einkaufen
30	
11.00	die Wohnung aufräumen
30	
12.00	den Spätdienst beginnen
30	12¹⁰ das Mittagessen verteilen
13.00	die Übergabe bekommen
30	das Mittagessen abräumen
14.00	die Betten machen
30	
15.00	Frau Meyer aus dem OP abholen
30	Frau Meyer versorgen
16.00	Herrn Strack umlagern
30	Frau Boden Insulin spritzen
17.00	das Abendbrot austeilen
30	
18.00	das Abendbrot einsammeln
30	
19.00	Herrn Strack umlagern
30	die Medikamente einsammeln
20.00	nach Hause gehen

Um 7³⁰ steht Jasmina auf.

_____

_____

_____

_____

_____

_____

_____

_____

_____

_____

_____

_____

_____

_____

_____

A 7 Ergänzen Sie bitte die Verbformen.

1. Der Patient _____**kennt**_____ den Arzt.
   (kennen)

2. Ich _____ einen Bademantel.
   (holen)

3. Die Schwester und der Pfleger _____ (aufschütteln)

   die Decke _____ .

4. Der Arzt _____ eine Schwester.
   (rufen)

5. Du _____ das Bett.
   (machen)

6. Schwester Jasmina _____ ein Kissen.
   (beziehen)

7. Wir _____ die Laken _____ .
   (glattziehen)

A 8 GR **Das Verb und seine Ergänzungen**

Alle deutschen Verben haben eine Nominativergänzung.

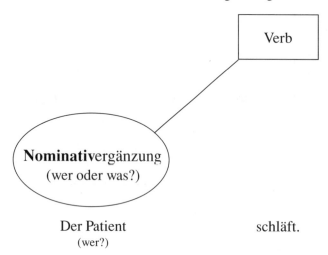

Viele Verben brauchen aber auch andere Ergänzungen, damit der Satz komplett ist.
„Peter holt." ist noch kein kompletter Satz.
Wir fragen: *„Wen oder was holt Peter?"*
Wir können z. B. antworten: *„Peter holt einen Toilettenstuhl."*

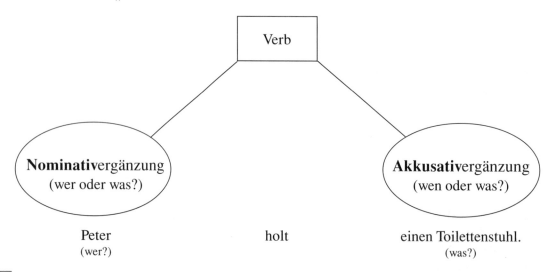

A 9 GR **Nomen und Artikel im Nominativ und Akkusativ**
Ergänzen Sie bitte die Artikel im Akkusativ (*). Sie finden die Formen in A 7.

	Singular			Plural
	Maskulinum	Femininum	Neutrum	
Nominativ **(N)**	der ⟩ Bademantel ein	die ⟩ Decke eine	das ⟩ Kissen ein	die ⟩ Betttücher
Akkusativ **(A)**	* ⟩ Arzt *	* ⟩ Schwester *	* ⟩ Bett *	* ⟩ Betttücher

A 10 Bilden Sie bitte mit Ihrem Nachbarn Dialoge und sprechen Sie sie.

1. holen	→	→ Bademantel → Handtuch	① Holst du einen Bademantel? ❷ Nein, ich hole ein Handtuch.
2. rufen	→	→ Arzt → Stationsschwester	① ❷
3. trinken	→	→ Kaffee → Tee	① ❷
4. suchen	→	→ Bettbezug → Laken	① ❷
5. duzen	→	→ Oberschwester → Kollegen	① ❷

A 11 GR **Personalpronomen im Nominativ (N)
und Akkusativ (A)
Erinnern Sie sich noch an die
Formen im Nominativ (Lektion 1)?
Ergänzen Sie bitte in der Tabelle die
Personalpronomen im Nominativ.**

Personal- pronomen	Nominativ (Wer?/Was?)	Akkusativ (Wen?/Was?)
1. Person		mich
2. Person		dich Sie
3. Person		ihn sie es
1. Person		uns
2. Person		euch Sie
3. Person		sie

A 12 Antworten Sie bitte mit „Ja" oder „Nein". Ersetzen Sie in den Antworten die
unterstrichenen Wörter durch das passende Personalpronomen.

1. Kennst du die neue Patientin?

   _Ja, ich kenne sie._____ oder _Nein, ich kenne sie nicht._____

2. Verstehen Sie den Arzt?

   _____   _____

3. Ist die Insulinspritze für Frau Hoffmann?

   _____   _____

4. Sind die Brötchen für die Schwestern?

   _____   _____

5. Siehst du den Stationsarzt?

   _____   _____

6. Holst du bitte die Befunde?

   _____   _____

7. Hast du das Tablettenschälchen?

   _____   _____

A

Schwester Jasmina geht zu Herrn Meyer. Er liegt in Zimmer 16.

S. Jasmina: Guten Morgen, Herr Meyer! Möchten Sie sich heute Morgen am Waschbecken waschen?

Herr Meyer: Ja, gerne.

S. Jasmina: Gut, dann stehen Sie bitte auf. Ich nehme schon mal die Decke weg und stelle Ihnen einen Stuhl ans Waschbecken.

Herr Meyer: Wo sind denn meine Pantoffeln?

S. Jasmina: Hier, sie stehen unter dem Bett.

Herr Meyer zieht die Pantoffeln an. Er geht langsam zum Waschbecken.

B

Herr Meyer setzt sich vorsichtig.

S. Jasmina: Was brauchen Sie zum Waschen? Haben Sie Waschlappen, Handtücher und Zahnputzzeug?

Herr Meyer: Meine Sachen sind hier links.

S. Jasmina: Ist das hier Ihr Waschlappen?

Herr Meyer: Ja, das ist mein Waschlappen und daneben sind meine Handtücher.

S. Jasmina: Hier haben Sie Ihre Zahnbürste.

Herr Meyer: Das ist aber nicht meine Zahnbürste, meine ist die da rechts in dem Becher.

S. Jasmina: Oh, Entschuldigung. Hier, ich gebe Ihnen die Klingel. Waschen Sie sich so weit Sie können, dann klingeln Sie. Danach helfe ich Ihnen.

Herr Meyer: Geben Sie mir bitte noch meine Kulturtasche aus dem Schrank? Da habe ich meinen Kamm, Deo usw. drin.

Schwester Jasmina gibt sie ihm und geht aus dem Zimmer. Nach 10 Minuten klingelt Herr Meyer. Schwester Jasmina kommt wieder ins Zimmer.

C

S. Jasmina: Sind Sie fertig? Ich wasche Ihnen den Rücken. Jetzt wird es kalt. Ich klopfe Ihnen den Rücken ab.

Herr Meyer: Warum?

S. Jasmina: Damit Sie keine Lungenentzündung bekommen. Atmen Sie bitte tief durch und husten Sie kräftig. Ja, so machen Sie es richtig. Brauchen Sie sonst noch Hilfe?

Herr Meyer: Nein danke, ich bin fertig.

D

Herr Meyer zieht sich an.

S. Jasmina: Setzen Sie sich bitte an den Tisch! Gleich gibt es Frühstück.

B 1 Ordnen Sie bitte die Fotos dem Text zu.

Text	A	B	C	D
Foto Nr.				

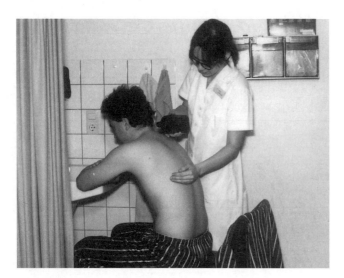

Foto Nr. 1

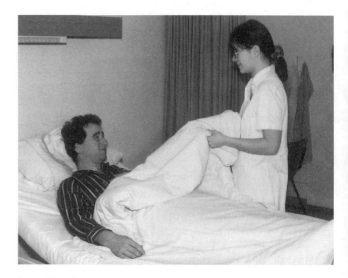

Foto Nr. 2

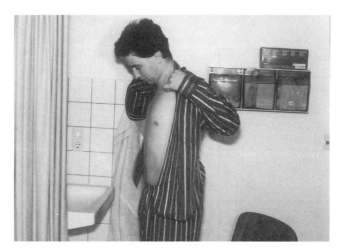

Foto Nr. 3

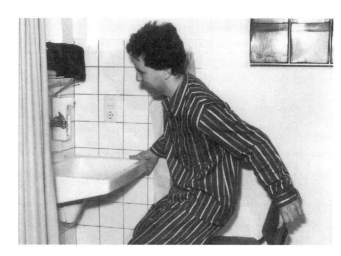

Foto Nr. 4

B 2 Suchen Sie weitere Wörter im Text und in Ihrem Wörterbuch.
Denken Sie bitte an die Artikel und die Pluralendungen.

Waschutensilien	Haarpflege	Zahnpflege	Kosmetika
die Seife (-n)	die Haarbürste (-n)	die Zahnpasta (Sg.)	das Rasierwasser (Sg.)
		der Prothesenbecher (-)	

B 3 Prophylaxen

Es gibt verschiedene Prophylaxen. Sie sollen Komplikationen verhindern.
Beispiele:

Prophylaxe	Ziel
die Dekubitusprophylaxe	den Dekubitus verhindern
die Thromboseprophylaxe	die Thrombose verhindern
die Pneumonieprophylaxe	die Pneumonie / die Lungenentzündung verhindern

Zu jeder Prophylaxe gibt es viele verschiedene Maßnahmen.

Welche dieser Maßnahmen finden Sie im Text auf Seite 42?
Zu welcher Prophylaxe gehört sie?

Prophylaxe:	Ziel:	Maßnahme:

B 4 `GR` **Personalpronomen im Dativ**

Personal-pronomen	Nominativ (Wer? / Was?)	Akkusativ (Wen? / Was?)	Dativ (Wem?)
1. Person	ich	mich	mir
2. Person	du Sie	dich Sie	dir Ihnen
3. Person	er sie es	ihn sie es	ihm ihr ihm
1. Person	wir	uns	uns
2. Person	ihr Sie	euch Sie	euch Ihnen
3. Person	sie	sie	ihnen

B 5 `[ii]` **Wem gehört was?**

die Zeitschrift (-en)   die Zahnprothese (-n)   die Wasserflasche (-n)

das Nachthemd (-en)   der Waschlappen (-)

der Lippenstift (-e)   das Rasierwasser (Sg.)   das Handtuch (¨er)

gehören

dir   Frau Schulz
Ihnen   mir
Schwester Jasmina
Herrn Meier

Sprechen Sie bitte mit Ihrem Nachbarn kurze Dialoge nach folgendem Muster.

① Gehört das Rasierwasser Herrn Meier?
  ✓ N   ✓ D
❷ Ja, es gehört ihm.

B 6 `GR` **Possessivpronomen im Nominativ**
Unterstreichen Sie bitte im Dialog auf S. 42 alle Possessivpronomen
und ergänzen Sie die fehlenden (*) in der Tabelle.

	Singular			Plural
	Maskulinum	Femininum	Neutrum	
1. Person	*	*	mein	*
2. Person	dein *	deine *	dein Ihr	deine Ihre
3. Person	sein ihr sein	seine ihre seine	sein ihr sein	seine ihre seine
1. Person	unser	uns(e)re	unser	uns(e)re
2. Person	euer Ihr	eure Ihre	euer Ihr	eure Ihre
3. Person	ihr	ihre	ihr	ihre

B 7 👪 Ein Kursteilnehmer sammelt von allen Kursteilnehmern jeweils einen Gegenstand ein (z. B. Stift, Uhr, Wörterbuch). Ein anderer soll die Sachen nun wieder richtig verteilen. Dabei fragt er folgendermaßen:

① Ist das deine/Ihre Tasche?
  ❷ Ja, das ist meine Tasche. (Nein, das ist nicht meine Tasche.)
① Gehört das Buch dir/Ihnen?
  ❸ Ja, ...
① ...

B 8 Ergänzen Sie bitte das Possessivpronomen.

1. Die Kulturtasche gehört Frau Söner.   Es ist _*ihre*_ Kulturtasche.

2. Der Schlafanzug gehört Herrn Schäfer.   Es ist _____ Schlafanzug.

3. Das Buch gehört mir.   Es ist _____ Buch.

4. Der Waschlappen gehört Ihnen.   Es ist _____ Waschlappen.

5. Der Kaffee gehört dir.   Es ist _____ Kaffee.

6. Der Kamm gehört Frau Schmidt.   Es ist _____ Kamm.

7. Das Rasierwasser gehört Herrn Jordan.   Es ist _____ Rasierwasser.

8. Die Befunde gehören uns.   Es sind _____ Befunde.

9. Die Medikamente gehören ihnen.   Es sind _____ Medikamente.

B 9 👪 Spielen Sie bitte die Situationen. Sprechen Sie mit dem Patienten.

a) Sie sind Krankenschwester, Ihr Partner ist Patient. Sie helfen ihm beim Waschen am Waschbecken. Er kann die Füße und den Rücken nicht selbst waschen.

b) Sie sind Krankenpfleger, Ihr Partner ist Patient. Der Patient sitzt am Waschbecken. Ihm fehlen seine Waschutensilien. Helfen Sie ihm!

c) Sie sind Patient, Ihr Partner ist Krankenschwester. Sie können sich den Rücken nicht selbst waschen. Bitten Sie die Schwester um Hilfe!

d) Zwei von Ihnen sind Krankenschwestern. Sie kommen ins Zimmer und möchten die Betten machen. Was sagen Sie zu den Patienten? Unterhalten Sie sich!

v 1 Suchen Sie bitte in Lektion drei Vokabeln für Dinge, die Sie beim Bettenmachen brauchen.
Wie heißen die Wörter in Ihrer Muttersprache?

_____   _____

_____   _____

_____   _____

_____   _____

_____   _____

_____   _____

_____   _____

v 2 Wie heißen die Verben (mit -ziehen)?

das Laken   _____

das Kopfkissen   _____   oder _____

den Schlafanzug _____   oder _____

v 3 Schreiben Sie bitte die Vokabeln mit Artikel und Pluralform auf.
Welche Dinge braucht man zum Waschen?

_____

_____

_____

Welche Dinge braucht man zum Zähneputzen?

_____

_____

_____

v 4 Wie heißen die Prophylaxen in Lektion drei?
Welche Komplikationen sollen sie verhindern?

Prophylaxe   soll **Komplikation** verhindern:

_____   _____

_____   _____

A 1 Das Frühstück

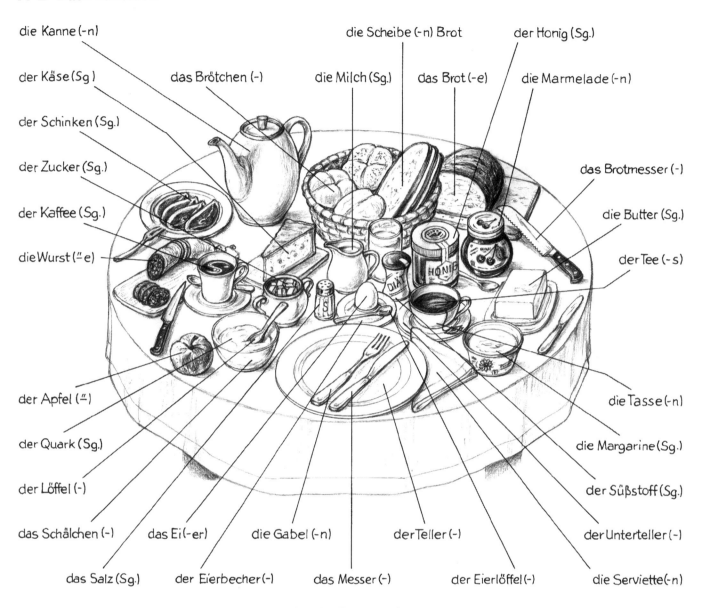

die Kanne (-n)

der Käse (Sg.)

der Schinken (Sg.)

der Zucker (Sg.)

der Kaffee (Sg.)

die Wurst ("e)

das Brötchen (-)

die Scheibe (-n) Brot

die Milch (Sg.)

das Brot (-e)

der Honig (Sg.)

die Marmelade (-n)

das Brotmesser (-)

die Butter (Sg.)

der Tee (-s)

der Apfel (")

der Quark (Sg.)

der Löffel (-)

das Schälchen (-)

das Salz (Sg.)

das Ei (-er)

der Eierbecher (-)

die Gabel (-n)

das Messer (-)

der Teller (-)

der Eierlöffel (-)

die Tasse (-n)

die Margarine (Sg.)

der Süßstoff (Sg.)

der Unterteller (-)

die Serviette (-n)

Ordnen Sie bitte die Wörter mit Artikel in die Tabelle ein.

das Geschirr	*das Besteck*	*die Nahrungsmittel*	*die Getränke*
die Tasse (-n)	der Löffel (-)	die Wurst ("e)	der Tee (Sg.)

A 2 In Deutschland gibt es viele Brotsorten. Hier sehen Sie einige Beispiele.
Schreiben Sie bitte die Wörter aus dem Kasten unter das jeweilige Brot.

> *das Vollkornbrot(-e)* *das Rosinenbrot(-e)*
>
> *das Knäckebrot(-e)* *das Graubrot(-e)*
>
> *das Weißbrot(-e)* *das Schwarzbrot(-e)*

Welche Brotsorten gibt es in Ihrem Heimatland?
Berichten Sie bitte der Klasse.

A 3 Was passt zusammen?

> *der Becher(-)* *das Stück(-e)* *die Kanne(-n)*
>
> *die Scheibe(-n)* *das Glas(¨er)*
>
> *die Schälchen(-)*
>
> *die Tasse(-n)*

> *der Quark(Sg.)* *der Hagebuttentee(Sg.)*
>
> *die Butter(Sg.)* *das Wasser(Sg.)*
>
> *das Brot(-e)* *der Kaffee(Sg.)*
>
> *der/das Joghurt(-s)*

der Becher Joghurt

A 4 Ordnen Sie bitte die Sätze den Bildern zu.

A	B	C	D	E

1. Der Pfleger geht <u>durch</u> die Tür.
2. Das Frühstück ist <u>für</u> die Patientin in Zimmer 8.
3. Der Pfleger schiebt den Wäschewagen <u>gegen</u> die Wand.
4. <u>Ohne</u> Besteck kann Herr Baumann nicht essen.
5. Schwester Jasmina kommt <u>um</u> die Ecke.

A 5 **GR** Präpositionen

Sehen Sie sich bitte noch einmal die Sätze in A 4 an und ergänzen Sie dann die Kasusregel.

Nach den Präpositionen

———, ———, ———, ———, ———

steht immer der ————————————— !

A 6 GR Nomen und Artikel im Dativ

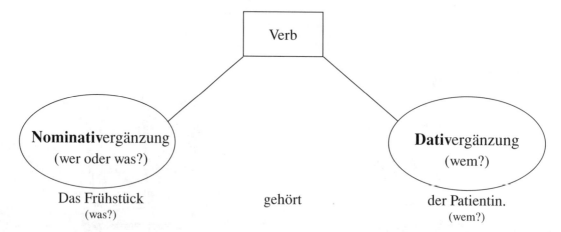

	Singular			Plural
	Maskulinum	Femininum	Neutrum	
Dativ (D)	dem ⟩ Arzt einem	der ⟩ Schwester einer	dem ⟩ Kind einem	den ⟩ Patienten

Verben, die eine Dativergänzung brauchen, sind z. B.:
antworten, danken, gefallen, gehören, gratulieren, helfen, passen und schmecken.

A 7 Verbinden Sie bitte je einen Satzteil aus jedem Kasten miteinander. Verwenden Sie dabei den Dativ.

die Ärztin (-nen) der Kamillentee (Sg.) der Schüler (-) die Schwester (-n) der Patient (-en) der Bademantel (¨) der Waschlappen (-)	danken antworten schmecken passen helfen gratulieren gehören

die MTA (-s)   der Arzt (¨e) die Patientin (-nen)   sie der Krankenpfleger (-) die Kollegin (-nen)   er

Der Waschlappen gehört der Patientin.

A 8 Ergänzen Sie bitte die Endungen der Artikel und Personalpronomen.

1 **S. Marion:** Hallo Jasmina! Hier steht noch e*in* Tablett mit Frühstück. Weißt d_____, wem das gehört?

S. Jasmina: Ja, das gehört d_____ neuen Patientin in Zimmer 12. S_____ ist noch beim Röntgen.
5

S_____ hat heute auch Geburtstag. Hast d_____ i_____ schon gratuliert?

S. Marion: Nein, noch nicht. Gut, dass d_____ m_____ daran erinnerst. I_____ mache das
10 gleich.

A 9 Ordnen Sie bitte die Sätze den Bildern zu.

A

E

B

F

C

G

D

H

1. Frau Schulze kommt <u>aus</u> dem Badezimmer.
2. Frau Schulze ist beim (<u>bei</u> dem) Arzt.
3. Zimmer 14 ist <u>gegenüber</u> dem Schwesternzimmer.
4. Schwester Jasmina geht <u>mit</u> Herrn Meier zum (zu dem) Röntgen.

5. Frau Schulze nimmt ihre Tablette <u>nach</u> dem Frühstück.
6. Herr Meier ist <u>seit</u> einer Woche im Krankenhaus.
7. Herr Meier kommt vom (<u>von</u> dem) Röntgen.
8. Herr Meier geht zum (<u>zu</u> dem) Röntgen.

A	B	C	D	E	F	G	H

A 10 [GR] **Präpositionen**
**Sehen Sie sich bitte noch einmal die Sätze in A 9 an
und ergänzen Sie dann die Kasusregel.**

Nach den Präpositionen

——————— , ——————— , ——————— , ——————— , ——————— , ——————— , ——————— , ———————

steht immer der ——————————————— !

A 11 **Ergänzen Sie bitte die Artikelendungen.**

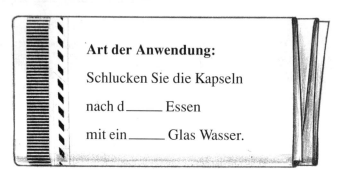

Art der Anwendung:

Schlucken Sie die Kapseln

nach d_____ Essen

mit ein_____ Glas Wasser.

A 12 **Präpositionen mit Akkusativ oder Dativ**
**Bilden Sie bitte Sätze und ergänzen Sie die Elemente aus dem Kasten im
Akkusativ oder Dativ.**

---

der OP   die Ambulanz   die Patientin   der Patient   die Schmerzen   eine Schlaftablette

die Cafeteria   der Chefarzt   eine Stunde   der Frühdienst   halb acht   das EKG

Der Nachtdienst beginnt um *halb acht* _____

Schwester Jasmina wartet seit _____

Der Patient schläft nicht ohne _____

Die Ärztin ist noch bei _____

Die Kollegen kommen zu _____

Der Operierte bekommt Medikamente gegen _____

Pfleger Jörg führt die neue Kollegin durch _____

Der Chirurg kommt aus _____

Der Kiosk ist gegenüber _____

Frau Schmitz kommt von _____

Die Milchsuppe ist für _____

Der Stationsarzt kommt mit _____

A 13 Schreiben Sie bitte die folgenden Sätze neben das jeweils passende Foto.

Die Schwester schiebt das Tablett <u>in</u> den Essenswagen.

Ein Stuhl steht <u>zwischen</u> den Betten.

Die Schwester stellt die Pantoffeln <u>unter</u> das Bett.

Sie stellt die Krücken <u>hinter</u> das Bett.

Der Schnabelbecher steht <u>neben</u> dem Teller.

Die Schülerin stellt die Kanne <u>auf</u> den Essenswagen.

Das Tablett steht <u>im</u> Essenswagen.

Die Krücken stehen <u>hinter</u> dem Bett.

Die Schwester hängt die neue Infusion <u>an</u> den Infusionsständer.

Die Kanne steht <u>auf</u> dem Essenswagen.

Der Patient wartet <u>vor</u> dem Untersuchungszimmer.

Die Pantoffeln stehen <u>unter</u> dem Bett.

Der Bademantel hängt <u>über</u> dem Bett.

Die Schülerin stellt einen Stuhl <u>zwischen</u> die Betten.

Die Infusion hängt <u>an</u> dem Infusionsständer.

Sie stellt den Schnabelbecher <u>neben</u> den Teller.

Die Schwester schiebt das Bett <u>vor</u> das Untersuchungszimmer.

Die Schwester hängt den Bademantel <u>über</u> das Bett.

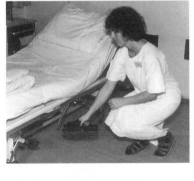

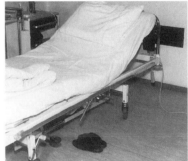

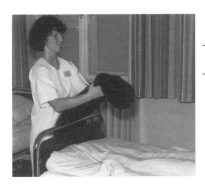

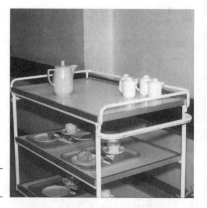

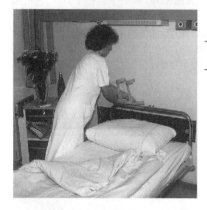

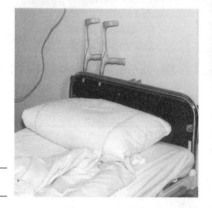

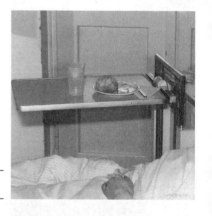

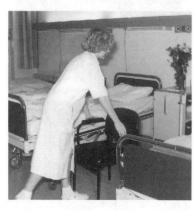

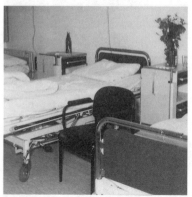

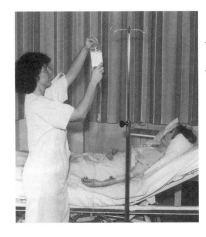

_____

_____

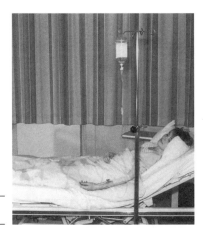

_____

_____

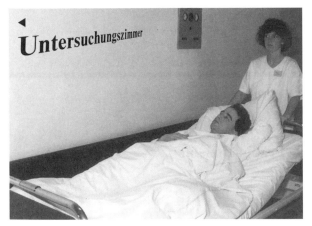

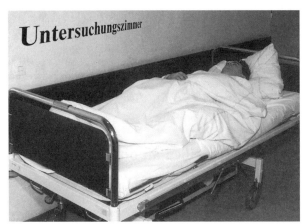

_____

_____

_____

_____

Wo gibt es Bewegung – wo keine?
Kreuzen Sie bitte an.

Bewegung:

Ja	Nein

Bewegung:

Ja	Nein

A 14 GR Sehen Sie sich bitte nun in A 13 die Artikel nach den Präpositionen genau an und ergänzen Sie die Kasusregel.

Gibt es eine Bewegung (wohin?), steht nach den Präpositionen immer der Akkusativ.

Gibt es keine Bewegung (wo?), steht nach den Präpositionen immer der _____ .

Diese Präpositionen, die mit dem Akkusativ oder mit dem Dativ stehen, heißen **Wechselpräpositionen**.

Auf die Frage **wohin?** wird bei den **Wechselpräpositionen**

(_____, _____, _____, _____, _____, _____, _____, _____, _____)

immer mit einer _____ ergänzung geantwortet.

Auf die Frage **wo?** immer mit einer _____ ergänzung.

A 15 Beschreiben Sie bitte das Foto. Benutzen Sie viele Präpositionen.

B 1 Schwester Jasmina und Pfleger Jörg verteilen das Frühstück.
Ergänzen Sie bitte die fehlenden Präpositionen.

Pfleger Jörg schiebt den Essenswagen _____ Zimmer 6.

Pfl. Jörg: Gibst du bitte Frau Schmidt ihr Essen? Sie ist die neue Patientin hinten _____ Fenster.

S. Jasmina: Bekommt sie eine Vollkost?

Pfl. Jörg: Nein, sie ist Diabetikerin. Hier hast du ein Diabetikeressen.

Schwester Jasmina geht _____ Frau Schmidt.

S. Jasmina: Guten Morgen, Frau Schmidt. Ich bin Schwester Jasmina. Ich bringe Ihnen Ihr Frühstück. Was möchten Sie denn trinken?

Frau Schmidt: Kaffee bitte, _____ Milch und Zucker.

S. Jasmina: Sie müssen doch Diät leben, Zucker dürfen Sie nicht essen. Aber ich kann Ihnen Süßstoff bringen.

Frau Schmidt: Ja, den nehme ich _____ Hause auch immer.

S. Jasmina: _____ dem Tablett ist auch schon Ihre Zwischenmahlzeit. Bewahren Sie sich die für später auf.

Frau Schmidt: Ach ja, mein zweites Frühstück, das esse ich immer _____ 10 Uhr.

Pfleger Jörg kommt _____ dem Essen _____ Frau Müller _____ das Zimmer.

Pfl. Jörg: So Frau Müller, hier ist Ihr Frühstück. Sitzen Sie gut? Können Sie so essen?

Frau Müller: Können Sie mir bitte noch das Bett hochstellen?

Pfl. Jörg: Ja klar.

Pfleger Jörg geht _____ dem Zimmer.

Frau Seifert: Bekomme ich denn kein Frühstück?

S. Jasmina: Sie werden doch heute operiert. Sie müssen nüchtern bleiben. Sie dürfen nicht essen und nicht trinken. Wir bringen Sie gleich _____ den OP.

Schwester Jasmina geht _____ dem Zimmer.

Pfl. Jörg: Jasmina, kannst du bitte _____ die 10 gehen? Herr Baumann darf alles essen. Er bekommt eine Vollkost. Streich ihm bitte das Brot. Danach füttere bitte Herrn Völker. Er kann nicht allein essen.

Schwester Jasmina geht _____ Zimmer 10.

S. Jasmina: Guten Morgen. Jetzt gibt's Frühstück. Herr Baumann, ich streiche Ihnen Ihr Brot. Möchten Sie das Graubrot und das Schwarzbrot essen?

Herr Baumann: Ja gerne.

S. Jasmina: Was möchten Sie _____ das Brot haben? Wurst oder Marmelade?

Herr Baumann: Marmelade und Quark, bitte.

S. Jasmina: So, Ihr Brot ist fertig. Soll ich Ihnen Kaffee einschenken?

Herr Baumann: Nein, ich will nichts trinken.

S. Jasmina: Sie sollen doch viel trinken! Das sagt der Arzt Ihnen jeden Tag. Ich schenke Ihnen eine Tasse Kaffee ein. Möchten Sie Milch?

Herr Baumann: Ja, bitte.

S. Jasmina: Kommen Sie dann klar?

Herr Baumann: Können Sie mir bitte meine Zahnprothese geben? Dann kann ich essen.

Schwester Jasmina gibt Herrn Baumann seine Prothese. Dann holt sie das Frühstück _____ Herrn Völker. Er bekommt pürierte Kost, denn er kann nicht kauen.

S. Jasmina: Herr Völker, ich helfe Ihnen beim Essen. Sitzen Sie gut so?

Herr Völker: Ja.

S. Jasmina: Was möchten Sie zuerst essen: die Milchsuppe oder den Quark?

Herr Völker: Ich möchte gerne die Milchsuppe zuerst essen.

B 2 Kommen diese Kostformen im Text vor? Kreuzen Sie bitte an. Wenn Sie eine Kostform im Text finden, schreiben Sie auch den Patientennamen auf.

Kostform	ja	nein	wenn ja: Patientenname
Diabetesdiät			
fleischfreie Kost			
cholesterinarme Kost			
schweinefleischfreie Kost			
pürierte Kost			
Vollkost			

V 1 Suchen Sie bitte für folgende Getränke das entsprechende Wort in Ihrer Muttersprache.

der Kakao (Sg.) _____

der schwarze Tee (Sg.) _____

der Pfefferminztee (Sg.) _____

der Kamillentee (Sg.) _____

der Hagebuttentee (Sg.) _____

der Fencheltee (Sg.) _____

das Wasser (Sg.)/der Sprudel (-) _____

das Mineralwasser (Sg.) _____

der Orangensaft (⁻e) _____

V 2 Was kann man auf eine Scheibe Brot streichen? Schreiben Sie die Wörter bitte mit Artikel und Pluralendung auf.

_____

_____

_____

_____

_____

V 3 Welche Brotsorten finden Sie in Lektion vier?

_____

_____

_____

_____

_____

V 4 Bei folgenden Wörtern fehlt jeweils das zweite Element. Suchen Sie bitte die kompletten Wörter in Lektion vier. Wie heißen die Wörter in Ihrer Muttersprache?

der Geburts_____ _____

die Schlaf_____ _____

der Essens_____ _____

der Schnabel_____ _____

der Infusions_____ _____

die Voll_____ _____

die Zahn_____ _____

V 5 Wie heißen die Verben?

Diät _____

nüchtern _____

A 1 Unterstreichen Sie bitte in diesem Text alle Modalverben.
Ergänzen Sie danach die fehlenden Formen in der unten stehenden Tabelle.

Schwester Marion bringt der neuen Patientin ihr Frühstück.
S. Marion: Guten Morgen, Frau Jansen. Ich bringe Ihnen Ihr Frühstück.
Frau Jansen: Das ist schön, ich habe solch einen Hunger – aber darf ich denn essen vor der Operation?
S. Marion: Heute dürfen Sie essen, die Operation ist doch erst morgen.
Frau Jansen: Ach so, das muss ich gleich meinem Mann sagen. Kann ich denn nach dem Essen telefonieren gehen?
S. Marion: Ja, Sie müssen nicht im Bett bleiben. Sie können unten im Erdgeschoss in der Telefonzelle telefonieren. So, was möchten Sie denn trinken. Kaffee?
Frau Jansen: Ich möchte bitte Kaffee mit Milch und Zucker.

20 **S. Marion:** Gut, dann stelle ich Ihnen zwei Kännchen Kaffee hin. Sie sollen ja viel trinken.
Frau Jansen: Ja gut, können Sie mir bitte nachher auch noch eine Flasche Wasser bringen?
S. Marion: Ja, das mache ich. Ich stelle Ihnen das Frühstück auf den Tisch. Können Sie alleine aufstehen, oder soll ich Ihnen dabei helfen?
25 **Frau Jansen:** Vielen Dank, ich schaffe das schon.
S. Marion: Dann wünsche ich Ihnen guten Appetit.
Frau Jansen: Danke.
Schwester Marion geht aus dem Zimmer. Schwester
30 *Jasmina kommt zu ihr an den Essenswagen.*
S. Jasmina: Kann ich dir etwas helfen?
S. Marion: Ja, gerne. Kannst du bitte Frau Müller beim Essen helfen? Sie kann nicht alleine essen.
S. Jasmina: Gut, dann helfe ich ihr.

A 2 `GR` Die Modalverben im Präsens

Infinitiv ▶ ▼ Personalpronomen	mögen (möchten)	wollen	können	dürfen	müssen	sollen
ich	_____	will	_____	darf	muss	_____
du Sie	möcht**est** _____	will**st** wollen	_____ können	darf**st** _____	muss**t** müssen	soll**st** sollen
er, sie, es	möcht**e**	will	_____	darf	muss	soll
wir	möchten	wollen	können	dürfen	müssen	sollen
ihr Sie	möcht**et** möchten	woll**t** wollen	könn**t** können	dürf**t** dürfen	müss**t** müssen	soll**t** sollen
sie	möchten	wollen	können	dürfen	müssen	sollen

A 3   GR   Die Satzstellung im Hauptsatz mit Modalverb
Ergänzen Sie bitte in den Sätzen 2 – 7 die passenden Verben aus dem Text (Seite 57).

	1.	2.	3.	4.
	Nominativergänzung	Modalverb	Mittelfeld	Vollverb (Infinitiv)
1.	Ich	kann (können)	Ihnen Süßstoff	
2.	Sie	sollen (sollen)	viel	
3.	Sie	müssen (müssen)	Diät	
4.	Sie	dürfen (nicht dürfen)	<u>nicht</u>	
5.	Herr Baumann	darf (dürfen)	alles	
6.	Ich	möchte (mögen)	gerne Milchsuppe	
7.	Ich	will (wollen)	nichts	

> Im Hauptsatz und in der W-Frage steht das konjugierte Modalverb
> in der 2. Position und das Vollverb (Infinitiv) am Satzende.
> In der Entscheidungsfrage (Ja-Nein-Frage) steht das Modalverb in der 1. Position.

A 4   Welches Modalverb drückt was aus?
Sehen Sie sich die Sätze in A 3 an und ordnen Sie bitte die Angaben aus dem Schüttelkasten
den Modalverben in der Tabelle zu.

> *der Wunsch*   *der Wille*   *die Aufforderung/der Ratschlag*   *die Fähigkeit/die Gelegenheit/die Möglichkeit*
> *die Erlaubnis*   *die Notwendigkeit*   *das Verbot*

Modalverben:	Bedeutung:
wollen	
sollen	
dürfen	
nicht dürfen	
müssen	
können	
mögen	

A 5 können

Was können Patienten und Besucher hier machen?

 1
 2
 3
 4

 5
 6
 7
 8

den Gottesdienst besuchen	*auf die Toilette gehen* *telefonieren* *Informationen bekommen* *Kaffee trinken*
ein Taxi finden *Briefe einwerfen*	*zum Friseur gehen*

1. Patienten können hier telefonieren.

A 6  mögen – wollen

Fragen Sie bitte Ihren Nachbarn, was er am nächsten freien Wochenende machen möchte / machen will.

① Was möchtest du am Wochenende machen?
  ❷ Ich möchte ins Kino gehen.
    Ich möchte lange schlafen.
    . . .

② Und du? Was möchtest du machen?
  ❶ Ich will meine Wohnung aufräumen.
    . . .

A 7 nicht dürfen

Was dürfen Patienten und Besucher hier nicht machen?

 1
 2
 3
 4
 5

1. Patienten dürfen hier nicht rauchen.

Bei der Visite

1 *Dr. Kuntze und Schwester Marion gehen auf Visite.*
Die Patienten beschreiben ihre Probleme.
Dr. Kuntze: Guten Tag, Herr Müller. Wie geht es Ihnen?
5 **Herr Müller:** Mir geht es viel besser.
Dr. Kuntze: Herr Müller, Ihre Cholesterinwerte sind zu hoch. Sie müssen Diät leben.
Herr Müller: Was für eine Diät? Ich weiß nichts darüber.
10 **Dr. Kuntze:** Das ist eine cholesterinarme Diät. Gehen Sie am besten mal zu unserer Ernährungsberatung.
S. Marion: Ich rufe da gleich an und hole einen Termin für Sie. Die Diätassistentin erklärt Ihnen
15 dann alles.

Dr. Kuntze: Guten Morgen. Herr Heinemann, wie geht es Ihnen?
Herr Heinemann: Guten Morgen. Herr Doktor, mir geht es besser. Aber ich kann schon seit Tagen
20 nicht schlafen.
Dr. Kuntze: Nehmen Sie heute Abend eine Schlaftablette! Die Schwester gibt sie Ihnen.
Herr Heinemann: Gut.

Dr. Kuntze: Herr Schlüter, wie geht es Ihnen?
25 **Herr Schlüter:** Mir geht es besser. Aber ich fühle mich noch so schlapp.
Dr. Kuntze: Stehen Sie viel mehr auf und laufen Sie über den Flur! Dann fühlen Sie sich auch nicht mehr so müde. Haben Sie denn Appetit?

30 Essen Sie gut?
Herr Schlüter: Ja, damit habe ich keine Probleme.
Dr. Kuntze: Das ist schön.

Dr. Kuntze: So, Herr Rademacher, wie geht es Ihnen? Sie gehen ja heute nach Hause.
35 **Herr Rademacher:** Ja, aber mir tut der Rücken noch weh.
Dr. Kuntze: Schwimmen Sie viel und machen Sie Ihre Gymnastikübungen. Dann wird das besser. Ich wünsche Ihnen alles Gute, auf Wiedersehen.
40 **Herr Rademacher:** Auf Wiedersehen und vielen Dank.

Dr. Kuntze: Guten Tag, Frau Schulze. Wie geht es Ihnen?
Frau Schulze: Guten Tag, Herr Doktor. Mein Bein
45 tut mir manchmal sehr weh.
Dr. Kuntze: Bleiben Sie im Zimmer! Ich komme gleich und sehe mir das Bein an.

Dr. Kuntze: Guten Tag, Frau Seifert.
Frau Seifert: Guten Tag, mir geht es gar nicht gut.
50 **Dr. Kuntze:** Woran liegt das denn? Nehmen Sie Ihre Tabletten?
Frau Seifert: Die will ich nicht nehmen, die helfen doch nicht.
Dr. Kuntze: Doch natürlich. Die sind sehr wichtig.
55 Nehmen Sie bitte die Tabletten und trinken Sie viel Tee und Wasser! Das ist sehr wichtig für Sie.
Frau Seifert: Ja gut, wenn Sie das sagen.

A 8 Was für Probleme haben die Patienten? Was rät der Arzt ihnen?

Patient	Problem	Was soll er / sie tun?
Herr Müller	*zu hohe Cholesterinwerte*	*soll Diät leben*

Führen Sie bitte die Übergabe weiter.

Bei der Übergabe geben die Krankenschwestern und -pfleger Informationen an ihre Kollegen weiter.

Schwester Marion:
Herr Müller hat zu hohe Cholesterinwerte. Er soll Diät leben und er soll zur Ernährungs-beratung gehen.

Herr Heinemann ...

A 9 müssen oder dürfen?
Setzen Sie bitte die richtige Form ein.

1 *Schwester Marion sagt zu Schüler Martin:*
Frau Seifert _____ heute operiert werden.
Sie _____ nicht essen und nicht trinken.
Wir _____ ihr Bett frisch beziehen.
5 Komm, wir machen das mal eben.
Schwester Marion und Schüler Martin gehen zu Frau Seifert.
S. Marion: Wir beziehen Ihr Bett frisch. Stehen Sie bitte auf?
10 **Frau Seifert:** Ja, klar. _____ ich etwas trinken?
S. Marion: Nein, Sie _____ nüchtern bleiben.

Frau Seifert: Ich habe aber einen so trockenen Mund.
15 **S. Marion:** Sie _____ den Mund umspülen, aber Sie _____ nicht trinken.
Wir _____ Sie um 10 Uhr in den OP bringen.
Frau Seifert: _____ ich denn noch auf den
20 Flur gehen?
S. Marion: Nein, Sie _____ jetzt die Tablette nehmen. Danach _____ Sie nicht mehr alleine aufstehen.

A 10 [ii] Spielen Sie bitte den Dialog. Verwenden Sie auch eigene Ideen.

fernsehen *tanzen* *ins Theater gehen* *ins Kino gehen* *schwimmen gehen* *Musik hören* *essen gehen*	*einkaufen* *meiner Freundin helfen* *einen wichtigen Brief schreiben* *arbeiten* *meine Mutter besuchen* *Vokabeln lernen*

① Hast du heute Abend Zeit?
❷ Leider nicht. Ich muss meine Mutter besuchen. Was willst du denn machen?
① Ich möchte ins Kino gehen.

A 11 Setzen Sie bitte die Verben aus dem Schüttelkasten ein.

Herr Müller ist gelähmt. Er kann nicht *gehen*.

Herr Schmitz ist blind. Er kann nicht _____.

Herr Schulte ist taub. Er kann nicht _____.

Frau Hoffmann ist stumm. Sie kann nicht _____.

~~gehen~~	*hören*	*sehen*	*sprechen*

A 12   Setzen Sie bitte die konjugierte Form der passenden Modalverben ein.

Schwester Marion und Schwester Jasmina verteilen das Essen. Sie stehen am Essenswagen. Schwester Irene sagt ihnen, was die Patienten essen:

Herr Völker bekommt pürierte Kost. Er _____

nicht kauen. Frau Schmidt _____ keinen

Zucker essen. Sie ist Diabetikerin. Herr Baumann

bekommt Vollkost. Er _____ alles essen.

Herr Müller _____ cholesterinarme Kost

essen. Sein Cholesterinwert ist zu hoch. Frau Seifert

bekommt kein Frühstück. Sie _____ nüchtern

bleiben. Sie _____ nicht essen und nicht

trinken. Frau Schmidt _____ Kaffee mit Milch

und Zucker trinken. Sie _____ aber keinen

Zucker nehmen.

A 13   Rechts sehen Sie Sätze, die höflicher sind als die auf der linken Seite. Worin liegt der Unterschied?

1. Ich will eine Flasche Wasser haben.   Ich möchte bitte eine Flasche Wasser haben.
2. Stehen Sie auf!   Stehen Sie schon mal auf?
3. Essen Sie mehr!   Sie müssen doch mehr essen!
4. Ich will nicht aufstehen.   Ich möchte nicht aufstehen.
5. Klingeln Sie, wenn die Infusion leer ist!   Können Sie bitte klingeln, wenn die Infusion leer ist?
6. Zu Besuchern: Gehen Sie bitte aus dem Zimmer!   Können Sie bitte aus dem Zimmer gehen?

A 14   📼   Klingen diese Sätze höflich oder nicht? Kreuzen Sie bitte an.

	höflich	nicht so höflich
1.		
2.		
3.		
4.		
5.		

	höflich	nicht so höflich
6.		
7.		
8.		
9.		
10.		

A 15   Formulieren Sie bitte Sätze für die folgenden Situationen. Die Sätze sollen sehr höflich sein. Lesen Sie laut vor und vergleichen Sie Ihre Versionen.

1. Eine Patientin isst sehr schlecht. Fordern Sie sie auf, mehr zu essen.
2. Sie brauchen Hilfe von einer Kollegin. Bitten Sie sie, Ihnen zu helfen.
3. Einem Patienten geht es nicht gut. Rufen Sie den Arzt an, dass er sich den Patienten ansieht.
4. Ein Patient steht auf. Er darf aber nicht aufstehen. Sagen Sie es ihm!
5. Ein Patient will frühstücken. Er muss aber nüchtern bleiben. Er wird heute operiert.
6. Eine Patientin muss zu einer Röntgenuntersuchung. Sagen Sie ihr, dass sie zu Fuß gehen soll.

B 1 Ordnen Sie bitte die Nahrungsmittel in die zutreffenden Spalten der Tabelle ein. Vergessen Sie Artikel und Pluralendungen nicht!

die Kartoffel(-n)   die Birne(-n)   der Pudding(-e, -s)
die Mandarine(-n)   die Gurke(-n)   die Milchsuppe(-n)   die Suppe(-n)   der Zwieback(-̈e)
die Pampelmuse(-n)   das Hühnerfleisch(Sg.)   der Spinat(Sg.)   die Apfelsine(-n)   die Zitrone(-n)
der/das Joghurt(-s)   der Kuchen(-)   der Brokkoli(Sg.)   die Süßigkeit(-en)
die Kiwi(-s)   das Eis(Sg.)   der Schinken(-)   die Erbse(-n)   die Bohne(-n)   der Reis(Sg.)
die Tomate(-n)   die Nudel(-n)   der Salat(-e)   das Ei(-er)   die Banane(-n)   das Lammfleisch(Sg.)
das Putenfleisch(Sg.)   die Weintraube(-n)   der Keks(-e)   der Apfel(-̈)
der Fisch(-e)   das Rindfleisch(Sg.)   die Möhre(-n)/die Karotte(-n)   das Schweinefleisch(Sg.)

Milchprodukte:	tierische Nahrungsmittel:	Gemüse/Salat:	Obst:
der Joghurt (-s)	das Hühnerfleisch (Sg.)	die Tomate (-n)	die Apfelsine (-n)

Nachspeisen:	Beilagen:	Gebäck:	Sonstiges:
das Eis (Sg.)	die Nudel (-n)	der Kuchen (-)	

B 2   Schreiben Sie bitte die Wörter aus B 1 mit ihren Übersetzungen in Ihr Vokabelheft. Benutzen Sie Ihr Wörterbuch.

B 3   Was möchten Sie essen?
Setzen Sie bitte die passenden Modalverben ein.

1 *Pfleger Jörg geht mit dem Essensplan zu Frau Bergmann. Sie ist eine neue Patientin.*

Pfl. Jörg: Frau Bergmann, ich habe einige Fragen zu Ihren Essenswünschen. Eine Diät haben Sie

5 nicht, oder?

Frau Bergmann: Nein, ich esse ganz normal.

Pfl. Jörg: Was _____ Sie denn zum Frühstück trinken? Kaffee oder Tee?

Frau Bergmann: Schwarzen Tee, bitte. Mit Zucker.

10 **Pfl. Jörg:** Was _____ ich Ihnen bestellen: Brötchen oder lieber Schwarzbrot?

Frau Bergmann: Ich _____ gerne ein Brötchen und eine Scheibe Schwarzbrot essen.

Pfl. Jörg: Was _____ Sie denn morgen zum

15 Mittagessen haben? Menü 1 ist Bratfisch mit Kartoffelsalat und Menü 2 Schweinebraten mit Bohnen und Kartoffeln.

Frau Bergmann: Ich möchte lieber den Schweinebraten.

20 **Pfl. Jörg:** Und was _____ Sie mittags zum Kaffee trinken, auch schwarzen Tee?

Frau Bergmann: Nein, da trinke ich immer Kaffee mit Milch und Zucker, bitte.

Pfl. Jörg: Was für Brot _____ Sie zum Abend-

25 brot essen? Graubrot, Schwarzbrot oder Weiß-brot?

Frau Bergmann: Bitte eine Scheibe Graubrot und eine Scheibe Schwarzbrot.

Pfl. Jörg: Wurst und Käse?

30 **Frau Bergmann:** Ja, gerne.

Pfl. Jörg: Und was _____ Sie trinken?

Frau Bergmann: Pfefferminztee, bitte.

Pfl. Jörg: O. K., das ist dann erstmal alles. Morgen bekommen Sie einen Essensplan für die nächste

35 Woche, da _____ Sie sich dann Ihr Essen aussuchen.

B 4   Schreiben Sie bitte die 4 Mahlzeiten auf, die Sie im Text finden.
Was isst und trinkt Frau Bergmann zu welcher Mahlzeit?

1. _____

_____

2. _____

3. _____

4. _____

_____

B 5 Welche der Mahlzeiten ist normalerweise eine warme Mahlzeit?
Welche Mahlzeiten gibt es in Ihrem Heimatland? Was isst man bei Ihnen?
Diskutieren Sie über die Idealkost.

	Deutschland	Heimatland
morgens		
mittags		
abends		

B 6 Im Krankenhaus gibt es Essenskarten. Man füllt sie aus und schickt sie in die
Küche, um das Essen für die Patienten zu bestellen. Hier sehen Sie eine
Essenskarte. Lesen Sie bitte den Dialog auf Seite 66, und füllen Sie die Essenskarte
von Frau Bergmann aus.

Patientenname *Frau Bergmann* Station   Datum

Kostform	Frühstück	Anzahl	Kaffee ○	Abendessen	Anzahl	
Vollkost ○	Brötchen	☐	Milch ○	Graubrot	☐	schwarzer Tee ○
Diabetesdiät ○	Graubrot	☐	schwarzer Tee ○	Schwarzbrot	☐	Pfefferminztee ○
pürierte Kost ○	Schwarzbrot	☐	Kakao ○	Weißbrot	☐	kalte Milch ○
fleischfreie Kost ○				Knäckebrot	☐	warme Milch ○
	Mittagessen		**Nachmittag**			
	Menü 1 ○		Kaffee ○	Wurst ○		
	Menü 2 ○		Tee ○	Käse ○		

B 7 📼 Schwester Marion fragt Herrn Schmitz, was er essen möchte. Hören Sie bitte zu
und füllen Sie die Essenskarte aus.

Patientenname *Herr Schmitz*   Station   Datum

Kostform	Frühstück	Anzahl	Kaffee ○	Abendessen	Anzahl	
Vollkost ○	Brötchen	☐	Milch ○	Graubrot	☐	schwarzer Tee ○
Diabetesdiät ○	Graubrot	☐	schwarzer Tee ○	Schwarzbrot	☐	Pfefferminztee ○
pürierte Kost ○	Schwarzbrot	☐	Kakao ○	Weißbrot	☐	kalte Milch ○
fleischfreie Kost ○				Knäckebrot	☐	warme Milch ○
	Mittagessen		**Nachmittag**			
	Menü 1 ○		Kaffee ○	Wurst ○		
	Menü 2 ○		Tee ○	Käse ○		

B 8 Welcher Begriff passt nicht zu den anderen?

1. das Messer	das ~~Frühstück~~	die Gabel	der Löffel
2. das Glas	die Tasse	die Untertasse	der Schnabelbecher
3. die Flasche	die Untertasse	die Tasse	der Teller
4. der Apfel	die Tomate	die Kiwi	die Banane
5. das Abendbrot	das Frühstück	der Frühdienst	das Mittagessen

B 9 Auf den Bildern sehen Sie einige Nahrungsmittel. Tragen Sie die Wörter mit Artikel in die Tabelle ein. Welche der Nahrungsmittel darf der Diabetiker ("Zuckerkranker") essen? Welche darf er nicht essen? Machen Sie bitte Kreuze.

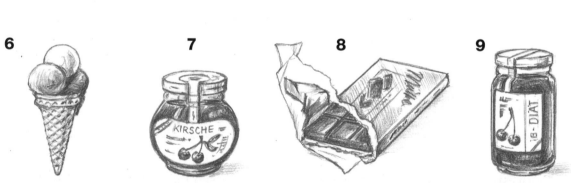

	Nahrungsmittel	erlaubt	nicht erlaubt/verboten
1	*der Kuchen (-)*		X
2			
3			
4			
5			
6			
7			
8			
9			

B 10 Spielen Sie die Situation:

Einer von Ihnen ist Diabetiker und weiß nichts über die Diabetesdiät.
Fragen Sie bitte Ihre Mitschüler, was Sie essen dürfen und was Sie nicht essen dürfen.

B 11 Hier sehen Sie einen Essensplan! Spielen Sie bitte: Ihr Partner ist Patient und Sie sind Krankenschwester / -pfleger. Fragen Sie, was er an welchem Tag essen möchte. Tauschen Sie die Rollen.

① Was möchten Sie am Montag essen?
❷ Ich möchte Bohnensuppe mit Bockwurst essen.
① ...

Essensplan

Sie können wählen zwischen Menü A und Menü B.
Die Nachspeise gilt für beide Menüs.

	Menü A	Menü B
Montag: 13. 9.	*Bohnensuppe mit Bockwurst*	*Bratwurst Blumenkohl Kartoffeln*
	frisches Obst	
Dienstag: 14. 9.	*Putenschnitzel Erbsen Reis*	*Rinderbraten Brokkoli Kartoffelpüree*
	Pudding	
Mittwoch: 15. 9.	*Schweineschnitzel Blumenkohl Kartoffeln*	*Hühnerfrikassee grüner Salat Reis*
	Dickmilch	
Donnerstag: 16. 9.	*Lammragout Erbsen und Möhren Kartoffeln*	*Rührei mit Schinken Spinat Kartoffeln*
	Milchreis	
Freitag: 17. 9.	*Fischfilet Kartoffelsalat*	*Nudeln mit Tomatensauce und Käse Gurkensalat*
	Pudding	
Samstag: 18. 9.	*Rindergulasch Blumenkohl Nudeln*	*Kartoffelsuppe mit Wurststücken*
	Rote Grütze	
Sonntag: 19. 9.	*Rinderbraten grüne Bohnen Kartoffeln*	*Tomatensuppe Schweinebraten Erbsen Kartoffeln*
	Eis	

Für Patienten, die eine Diät einhalten müssen, gilt dieser Essensplan nicht!

B 12 Gehen Sie bitte in einen Drogeriemarkt oder in eine Apotheke und informieren Sie sich über Diätprodukte.
Welche Produkte gibt es, und was kosten sie? Schreiben Sie bitte eine Liste.

V 1   Welche Kostformen kennen Sie aus Lektion vier und fünf?

_____

_____

_____

_____

_____

_____

V 2   Wie heißen die Verben in folgenden Ausdrücken in Lektion fünf?

auf Visite   _____

einen Termin   _____

auf die Toilette   _____

Gymnastikübungen   _____

zu Fuß   _____

Tabletten   _____

Zeit   _____

Appetit   _____

V 3   Wie heißen folgende Wörter in Ihrer Muttersprache?

der Diabetiker (-) / die Diabetikerin (-nen)   _____

der Cholesterinwert (-e)   _____

die Diätassistentin (-nen) / die Ernährungsberaterin (-nen)   _____

das Nahrungsmittel (-)   _____

das Gemüse (-)   _____

das Obst (Sg.)   _____

das Milchprodukt (-e)   _____

die Suppe (-n)   _____

der Braten (-)   _____

der Essensplan (:-e)   _____

die Essenskarte (-n)   _____

A 1  Schwester Jasmina fragt ihre Kollegin Monika nach einer Telefonnummer. Dann telefoniert sie. Hören Sie bitte den Dialog und notieren Sie die wichtigen Informationen.

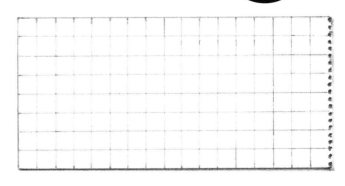

A 2 ✏ Ergänzen Sie bitte die fehlenden Zahlen. Vergleichen Sie dazu S. 16.

Die Kardinalzahlen

0 _____		
1 _____	11 _____	21 _____
2 _____	12 _____	22 _____
3 _____	13 _____	23 _____
4 _____	14 _____	24 _____
5 _____	15 _____	25 _____
6 _____	16 *sechzehn*	26 _____
7 _____	17 *siebzehn*	27 *siebenundzwanzig*
8 _____	18 _____	28 _____
9 _____	19 _____	29 _____
10 _____	20 _____	30 *dreißig*

40 _____	100 *(ein-)hundert*	1000 *(ein-)tausend*
45 *fünfundvierzig*	101 *(ein-)hunderteins*	2000 _____
50 _____	102 _____	3000 _____
55 _____	105 _____	4000 _____
60 *sechzig*	110 _____	4013 *viertausenddreizehn*
65 _____	200 *zweihundert*	5487 _____
70 *siebzig*	300 _____	
75 _____	500 _____	
80 _____	600 _____	
85 _____	667 _____	
90 _____	729 *siebenhundertneunundzwanzig*	
95 _____	921 _____	

A 3 Ordnen Sie den Telefonnummern bitte die geschriebene Form zu und lesen Sie sie laut.

1 b	OP	415-6 29 81	a	vierhundertfünfzehn zwo siebenunddreißig dreiundachtzig
2	Sonographie	415-9 45 11	b	vierhundertfünfzehn sechs neunundzwanzig einundachtzig
3	EKG	415-2 73 38	c	vierhundertfünfzehn sieben einundzwanzig vierundvierzig
4	Küche	415-4 32 05	d	vierhundertfünfzehn neun fünfundvierzig elf
5	Ambulanz	415-2 37 83	e	vierhundertfünfzehn vier zweiunddreißig null fünf
6	Chirurgie	415-7 21 44	f	vierhundertfünfzehn zwei dreiundsiebzig achtunddreißig

A 4 Denken Sie sich bitte die fehlenden Telefonnummern für das Krankenhaus Maria Hilf aus.
Nun fragen Sie Ihren Nachbarn nach Telefonnummern.

① Kannst du mir bitte die Nummer von der Bäderabteilung sagen?
   (Weißt du die Nummer von der Bäderabteilung?)
      ❷ Ja, 319. (Das ist die 319.)
① Danke!

Fernsprechverzeichnis: Krankenhaus Maria Hilf

1	Zentrale	**Innere Abteilung**
222	**Notfall**	Innere Ambulanz
200	Pforte	Station 4 A Schwesternzimmer
300	Pflegedienstleitung	Arztzimmer
	Oberschwester Chirurgie	Station 4 B Schwesternzimmer
	Oberschwester Innere	Arztzimmer
	Seelsorge	Station 4 C Schwesternzimmer
	Sozialdienst	Arztzimmer
	Pastoren	Chefarzt Innere
		Oberarzt Innere
	Verwaltungsdirektor	
	Personalabteilung	**Chirurgische Abteilung**
	Kliniksekretariat	Chirurgische Ambulanz
	Patientenaufnahme	Station 5 A Schwesternzimmer
		Arztzimmer
	Apotheke	Station 5 B Schwesternzimmer
	Werkstatt	Arztzimmer
	Wäscheausgabe	Station 5 C Schwesternzimmer
	Zentralküche	Arztzimmer
	Archiv	
	Bäderabteilung	Operationssaal 1
	Zentralsterilisation	Operationssaal 2
		Chefarzt Chirurgie
	Labor	Oberarzt Chirurgie
	EKG	
	Sonographie	**Piepser**
	Röntgen	15 Chirurg
		Internist
Anästhesie-Abteilung		Anästhesist
	Chefarzt Anästhesie	Oberschwester Innere
	Oberarzt Anästhesie	Oberschwester Chirurgie
		Labor

A 5 Ordnen Sie bitte die Sätze den Fotos A, B, C zu. Schreiben Sie sie links neben die Fotos.

1. Schwester Jasmina misst mit dem Blutdruckgerät und dem Stethoskop den Blutdruck.

2. Schwester Jasmina misst mit dem Fieberthermometer Fieber.

3. Schwester Jasmina zählt den Puls.

A

_____

_____

_____

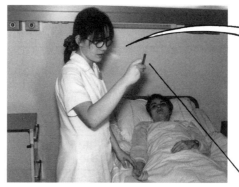

Ihr Puls ist zweiundsiebzig.

B

_____

_____

_____

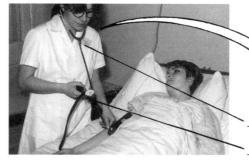

Ihr Blutdruck ist hundertfünf zu siebzig.

C

_____

_____

_____

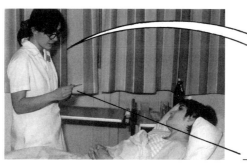

Sie haben siebenunddreißig acht Temperatur.

Schreiben Sie bitte die folgenden Wörter rechts neben die Fotos.

die Pulsuhr (-en)   das Blutdruckgerät (-e)   das Stethoskop (-e)   das Fieberthermometer (-)

A 6 Die Messarten

Fieber kann man an verschiedenen Körperstellen messen.

Man nennt die Messarten:
  1) rektal   2) axillar   3) sublingual oder oral.

Zum Patienten sagt man:
  A) unter dem Arm   B) unter der Zunge   C) im Po.

Ordnen Sie bitte zu.

1	2	3

A 7 Füllen Sie bitte die Tabelle aus.
Orientieren Sie sich an A 5.

> Den Blutdruck liest man
> Systole zu Diastole,
> z.B. 100/60:
> (ein-)hundert **zu** sechzig!

	der Blutdruck	der Puls	die Temperatur
Wert	105/70	72	37^8 oder 7^8
Man liest:	_____	_____	_____ oder „sieben acht"
Instrument zum Messen	_____	die Pulsuhr	_____

A 8 Was wird wie bezeichnet? Schreiben Sie bitte die Wörter aus dem Schüttelkasten
zu den deutschen Bezeichnungen.

der zu hohe Blutdruck   *die Hypertonie*

der zu niedrige Blutdruck _____

die zu hohe Temperatur _____

der zu hohe Blutzucker _____

der zu niedrige Blutzucker _____

der zu schnelle Puls _____

der zu langsame Puls _____

der unregelmäßige Puls _____

das Fieber
die Tachykardie
die Hypoglykämie
der arrhythmische Puls
~~die Hypertonie~~
die Bradykardie
die Hyperglykämie
die Hypotonie

A 9 Ausscheidungen. Welche Ausdrücke werden synonym gebraucht?
Tragen Sie bitte die Wendungen in die Tabelle ein.

groß machen   ~~Wasser lassen~~   ein kleines Geschäft machen   Verdauung haben/machen   abführen
Stuhlgang haben/machen   Pipi machen   ein großes Geschäft machen

der Urin	der Stuhl
Wasser lassen	

A 10 👥 Lesen Sie bitte das „Drehbuch" für folgende Situation. Verteilen Sie die Rollen und spielen Sie die Szene.

Schülerin Renate soll den Patienten auf der Station Blutdruck, Puls und Fieber messen und sie nach der Verdauung fragen. Zuerst geht sie durch alle Zimmer und sagt den Patienten, dass sie Fieber messen sollen. Sie gibt den Patienten, die nicht alleine klarkommen, das Fieberthermometer. Die Patienten messen unter dem Arm Fieber. Jetzt geht Schülerin Renate durch die Zimmer und misst die Werte. Zuerst geht sie in Zimmer 120.

Sch. Renate: So, Frau Schlüter. Wo ist denn Ihr Thermometer?

Frau Schlüter: Das ist noch unter dem Arm. Ich soll doch 8 Minuten messen.

Sch. Renate: Ja, aber die sind jetzt um. Dann geben Sie es mir mal bitte!

Frau Schlüter: Hier. Habe ich denn Fieber?

Sch. Renate: Nein, Sie haben kein Fieber. So, jetzt zähl' ich Ihren Puls und dann messe ich Ihnen den Blutdruck. Machen Sie bitte Ihren Arm frei. Haben Sie heute schon Verdauung gehabt?

Frau Schlüter: Ja, damit habe ich keine Probleme. Aber ich habe Durst. Können Sie mir bitte eine Flasche Wasser bringen? Meine ist leer.

Sch. Renate: Einen Moment, ich muss erstmal Ihre Werte aufschreiben, dann hole ich Ihnen Wasser.

Frau Schlüter: Wie sind denn die Werte?

Sch. Renate: Temperatur 36^2, Puls 84 und der Blutdruck ist 145/90.

Schülerin Renate geht zu Frau Bergmann.

Sch. Renate: Frau Bergmann, geben Sie mir bitte Ihr Thermometer?

Frau Bergmann: Ich habe nicht gemessen. Ich habe kein Thermometer.

Sch. Renate: Wieso denn nicht?

Frau Bergmann: Es ist mir auf den Boden gefallen.

Schülerin Renate bückt sich und sucht das Thermometer.

Sch. Renate: Ach ja, da liegt es. Gott sei Dank ist es nicht kaputtgegangen. Ich bringe Ihnen dann gleich ein sauberes. Jetzt muss ich Ihnen den Puls und den Blutdruck messen. Haben Sie heute schon abgeführt?

Frau Bergmann: Nein, ich habe seit 4 Tagen keine Verdauung. Ich habe Verstopfung. Können Sie mir etwas zum Abführen geben?

Sch. Renate: Ich frage gleich den Doktor. Dann bringe ich Ihnen etwas.

Schülerin Renate geht zu Frau Seidel.

Frau Seidel: Hier ist mein Thermometer.

50 **Sch. Renate:** Können Sie bitte den Ärmel etwas hochschieben, dann kann ich Ihnen den Blutdruck messen. Haben Sie heute schon Stuhlgang gehabt?

Frau Seidel: Ja, ich habe Durchfall, ich war heute 55 schon sechsmal auf der Toilette.

Sch. Renate: Weiß der Doktor das schon?

Frau Seidel: Ich weiß nicht. Ich habe es der Nachtschwester gesagt.

Sch. Renate: Sie haben auch etwas erhöhte Tempe-
60 ratur: 37^9. Können Sie bitte noch einmal Fieber messen? Ich hole Ihnen eine Plastikhülle für das Thermometer. Dann messen Sie bitte im Po Fieber. Das ist genauer.

Sie holt die Plastikhülle, das Thermometer und die
65 *Flasche Wasser.*

Sch. Renate *sagt zu Frau Seidel:* Hier ist die Plastikhülle, die ziehen Sie über das Thermometer. Nach dem Messen kommt sie in den Müll. Ich komme gleich wieder.

70 *Schülerin Renate geht in Zimmer 125. Sie geht zu Frau Schulze und misst ihr Puls und Blutdruck.*

Frau Schulze: Hier ist mein Thermometer. Wie sind denn Puls und Blutdruck heute?

Sch. Renate: Der Puls ist 72, der Blutdruck 120/80.
75 Haben Sie heute schon Verdauung gehabt?

Frau Schulze: Nein.

Sch. Renate: Und gestern?

Frau Schulze: Ja, gestern Abend.

Sch. Renate: Gut, dann schreibe ich das für gestern
80 auf.

Frau Schulze: Ja.

Sch. Renate: Sie sehen so blass aus, geht es Ihnen nicht gut?

Frau Schulze: Ach, ich habe meine Periode. Ich habe
85 Bauchschmerzen. Aber morgen ist das vorbei.

Schülerin Renate geht zu Frau Berger.

Sch. Renate: Ich muss Ihren Blutdruck und Puls messen. Haben Sie Stuhlgang gehabt?

Frau Berger: Nein, ich war noch nicht auf der
90 Toilette. Wie ist mein Blutdruck?

Sch. Renate: 185/105.

Frau Berger: Ich habe Hunger. Wann gibt es Mittagessen?

Sch. Renate: Sie dürfen heute nicht essen, Sie müssen
95 nüchtern bleiben. Sie werden doch heute operiert.

Schülerin Renate notiert die Werte und geht aus dem Zimmer.

A 11 Welche Substantive sind im Text mit folgenden Verben verbunden?

messen (gemessen)

Stuhlgang

haben (gehabt)

A 12 Beantworten Sie bitte die Fragen zum Text auf Seite 75.

1. Wie sind Temperatur, Puls und Blutdruck von Frau Schlüter?

2. Hat Frau Schlüter Fieber?

3. Wer hat Verstopfung (= Obstipation)?

4. Wer hat Durchfall (= Diarrhoe)?

5. Welche Patientin hat ihre Periode (= Menstruation)?

6. Wie ist der Blutdruck von Frau Berger?

7. Wie sind Blutdruck und Puls von Frau Schulze?

8. Messen die Patienten axillar, sublingual oder rektal Fieber?

A 13 **GR** Negation (Verneinung) mit *kein*. Ergänzen Sie bitte die Sätze 3 – 7.

	+	−
1.	Frau Müller hat Fieber.	Frau Schlüter hat **kein** Fieber.
2.	Frau Seidel hat Probleme mit der Verdauung.	Frau Schlüter hat **keine** Probleme mit der Verdauung.
3.	Frau Schlüter hat Verdauung gehabt.	Frau Bergmann hat
4.	Frau Schlüter hat ein Thermometer.	Frau Bergmann hat
5.	Frau Schulze hat Angst vor der OP.	Frau Berger
6.	Frau Seidel hat eine Flasche Wasser.	Frau Schlüter
7.	Frau Schulze hat Bauchschmerzen.	Frau Schlüter

> Nomen ohne Artikel (Satz 1) oder mit einem unbestimmten Artikel (Satz 4) werden mit **kein** verneint! Die Formen sind genauso wie beim unbestimmten Artikel *ein*.

A 14 **Was darf ein Diabetiker <u>nicht</u> essen und <u>nicht</u> trinken?**
Suchen Sie bitte zusammen mit Ihrem Nachbarn viele Beispiele.

Ein Diabetiker darf keinen Zucker essen.

keine Cola trinken.

_____   _____

_____   _____

_____   _____

A 15 GR **Negation (Verneinung) mit *nicht*. Ergänzen Sie bitte die unvollständigen Sätze.**

	+	–
1.	Manche Patienten kommen alleine klar.	Manche Patienten kommen **nicht** alleine klar.
2.	Frau Schlüter hat Fieber gemessen.	Frau Bergmann hat **nicht** Fieber gemessen.
3.	Frau Schlüter fühlt sich gut.	Frau Schulze fühlt sich
4.	Frau Schlüter war auf der Toilette.	Frau Berger

> Verben werden mit **nicht** verneint.
> **Nicht** steht hinter dem Vollverb oder der konjugierten Form des Hilfsverbs bzw. Modalverbs.

A 16 **Der Patientin Frau Gesund geht es gut. Frau Krank dagegen geht es noch sehr schlecht.**
Ergänzen Sie bitte die fehlenden Sätze.

	Frau Gesund	Frau Krank
1.	Frau Gesund geht es gut.	
2.		Sie hat Fieber.
3.		Sie hat Schmerzen.
4.	Sie schläft gut.	
5.	Sie isst viel.	
6.		Sie wird morgen operiert.

A 17   Spielen Sie bitte folgende Situation:
Sie sind Schülerin Renate, Ihr Partner ist Schwester Marion.
Schwester Marion möchte die wichtigen Informationen über die Patienten haben.
Suchen Sie die Informationen aus dem Text und spielen Sie den Dialog.

① Ist etwas Besonderes? Hat ein Patient Fieber, zu hohen Blutdruck …?
   ❷ Ja, Frau Berger hat 185 / 105. Frau Bergmann hat Verstopfung. …
① …

A 18   Das Abdomen = der Bauch
Sie sehen auf dieser Abbildung das Abdomen. Die Organe sind mit den
deutschen Wörtern beschriftet. Ordnen Sie bitte die griechischen / lateinischen
Fachausdrücke aus dem Schüttelkasten zu.

---

das Duodenum   die Vesica fellea   das Diaphragma   der Ren   der Ösophagus

das Rektum   der Ventriculus   das Pyelon   das Caecum/Coecum   der Splen

das Pankreas   das Hepar   der Appendix   die Vesica urinaria   das Jejunum, das Ileum   das Colon

---

a) die Speiseröhre   _____

b) das Zwerchfell   _____

c) die Leber   _____

d) der Magen   _____

e) die Niere   _____

f) die Gallenblase   _____

g) das Nierenbecken   _____

h) die Bauchspeicheldrüse   _____

i) die Milz   _____

k) der Zwölffingerdarm   _____

l) der Dickdarm   _____

m) der Dünndarm   _____

n) der Blinddarm   _____

o) der Mastdarm   _____

p) der Wurmfortsatz   _____

q) die Harnblase   _____

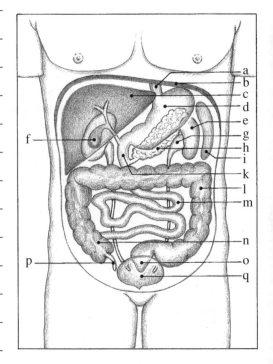

A 19 Ergänzen Sie bitte die Liste medizinischer Fachausdrücke mit den Wörtern für Krankheiten aus dem Kasten. Wenn Sie Schwierigkeiten haben, sehen Sie sich die Wörter in A 18 noch einmal genau an.

---

die Dickdarmentzündung   die Leberentzündung   das Zwölffingerdarmgeschwür

die Speiseröhrenentzündung   die Dünndarmentzündung   die Bauchspeicheldrüsenentzündung

---

das medizinische Fachwort	das deutsche Synonym
die Gastritis	die Magenschleimhautentzündung
die Cholezystitis	die Gallenblasenentzündung
die Cholelithiasis	die Gallensteine
die Appendizitis	die Blinddarmentzündung
die Zystitis	die Blasenentzündung
die Nephritis	die Nierenentzündung
das Ulcus ventriculi	das Magengeschwür
die Nephrolitihiasis	die Nierensteine
die Pankreatitis	_____
die Colitis	_____
die Iliitis	_____
das Ulcus duodeni	_____
die Hepatitis	_____
die Ösophagitis	_____

Diese Wörter sind für Sie sehr wichtig. Für das Gespräch mit dem Patienten muss man die deutschen Synonyme kennen!

Sehen Sie sich bitte die Wörter in der Tabelle an und ergänzen Sie in folgender Regel die Wörter „die -entzündung", „das Geschwür" und „die -steine".

Das Wort **Ulcus** bezeichnet _____ _____ .

Die Endung **-lithiasis** bezeichnet _____ _____ .

Die Endung **-itis** bezeichnet _____ _____ .

A 20 Zwei Kursteilnehmer sitzen einander gegenüber. Ein Kursteilnehmer schlägt
Seite 80 auf, der andere Seite 85. Fragen Sie bitte Ihren Partner nach den fehlenden
Informationen. Ergänzen Sie die Tabelle.

Beispiel:

B: Wie ist der Blutdruck von Frau Meyer?   A: Er ist 190/100.

A: Wie ist ihr Puls?   B: 84.

A: Wie ist ihre Temperatur?   B: 37^6.

B: Hat sie heute Stuhlgang gehabt?   A: Nein, sie hat heute keinen Stuhlgang gehabt.

A: Welche Krankheit hat sie?   B: Sie hat eine Gallenblasenentzündung.

A

Patient	Blutdruck	Puls	Temperatur	Stuhlgang	Krankheit
Frau Meyer	190/100			nein	
Herr Schöller		72	36^5		Magenschleimhautentzündung
Herr Braun	140/95		37^0		
Herr Engel		92		nein	Nierenentzündung
Frau Baumeister	100/70			nein	
Frau Hermann		96	39^7	ja	
Herr Krämer		80			Blinddarmentzündung
Frau Mertens	210/120		37^3	nein	
Frau Öztürk		60			Speiseröhrenentzündung
Frau Sonntag	160/105		40^2		Leberentzündung

A 21 Sie hören den Ausschnitt einer Übergabe. Notieren Sie die Namen, Zimmernummern,
Werte und Krankheiten der Patienten. Nun lesen Sie laut vor und vergleichen Sie bitte die
Informationen mit Ihren Mitschülern.

Fr. Schlüter	6^2	84	145/90	I
Fr. Bergmann	7^2	76	120/80	Ø
Fr. Seidel	7^9	ax. 92	110/85	I
	8^4	rektal	(Durchfall)	
Fr. Schulze	6^5	72	120/80	I
			gestern	
Fr. Berger	6^7	64	185/105	Ø

B 1 Auf der linken Seite sehen Sie die Werte der Patienten und unten Ausschnitte der Kurven mit den eingetragenen Werten:

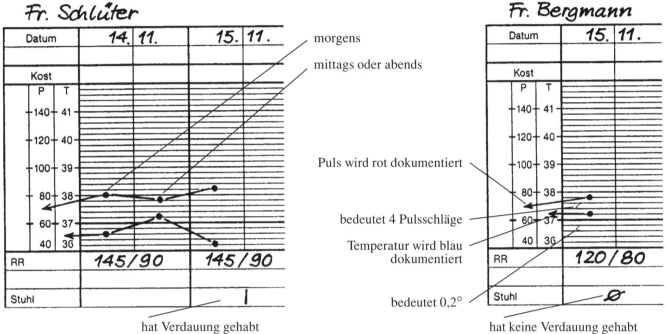

Fr. Schlüter

morgens

mittags oder abends

Puls wird rot dokumentiert

bedeutet 4 Pulsschläge

Temperatur wird blau dokumentiert

bedeutet 0,2°

hat Verdauung gehabt

Fr. Bergmann

hat keine Verdauung gehabt

Fr. Seidel

Fr. Schulze

Fr. Berger

Wie ist in der Kurve die Abkürzung für

a) Puls? _____

b) Temperatur? _____

c) Blutdruck? _____

Lesen Sie bitte den Zettel mit den Werten der Patienten und vergleichen Sie diese Werte mit den Eintragungen in der Kurve. Lesen Sie dann die Werte aus der Kurve laut vor.

**B 2 Die Kurvenblätter sind in allen Kliniken unterschiedlich. Gehen Sie zu Ihrer Stationsschwester und fragen Sie nach einer „Musterkurve".
Vergleichen Sie die Musterkurve mit Ihrem Kurvenblatt.**

B 3 **Bilden Sie bitte Gruppen von jeweils zwei Kursteilnehmern, die einander gegen-
übersitzen. Ein Kursteilnehmer schlägt Seite 83 auf, der andere Seite 84.
Sie sehen ein Kurvenblatt, auf dem Eintragungen fehlen, die Ihr Partner hat.
Sagen Sie sich nun gegenseitig die Werte und tragen Sie diese in die Kurve ein.**

① Frau Meyer hat am zweiten Dezember morgens 7^0, abends 7^6, Puls morgens 84, abends 80 und Blutdruck 120/80. Sie hat keinen Stuhlgang.
❷ Frau Meyer hat am dritten Dezember ...

Danach vergleichen Sie bitte Ihre Kurven und überprüfen Sie, ob Sie die Werte richtig dokumentiert haben.

Name: *Meyer*

Vorname: *Margot*

Geb.-Datum: *2.4.1931*

Blatt-Nr.:

Datum		2.12. 93	3. 12.	4. 12.	5. 12.	6.12.	7. 12.	8.12.
Kost								
RR		120/80		125/90		130/80		140/95
Gewicht/Größe	kg cm	Ø						Ø
Stuhl				l		l		Ø

Kost P T scale: 140–41, 120–40, 100–39, 80–38, 60–37, 40–36

Name: *Meyer*

Vorname: *Margot*

Geb.-Datum: *2.4.1931*

Blatt-Nr.:

Datum		2.12.93	3.12.	4.12.	5.12.	6.12.	7.12.	8.12.
Kost								
P / T	140 / 41							
	120 / 40							
	100 / 39							
	80 / 38							
	60 / 37							
	40 / 36							
RR			110/75		115/90		125/85	
Gewicht/Größe	kg / cm							
Stuhl			I		Ø		I	

A 20 Zwei Kursteilnehmer sitzen einander gegenüber. Ein Kursteilnehmer schlägt Seite 80 auf, der andere Seite 85. Fragen Sie bitte Ihren Partner nach den fehlenden Informationen. Ergänzen Sie die Tabelle.

Beispiel:

B: Wie ist der Blutdruck von Frau Meyer?   A: Er ist 190/100.

A: Wie ist ihr Puls?   B: 84.

A: Wie ist ihre Temperatur?   B: 37^6.

B: Hat sie heute Stuhlgang gehabt?   A: Nein, sie hat heute keinen Stuhlgang gehabt.

A: Welche Krankheit hat sie?   B: Sie hat eine Gallenblasenentzündung.

B

Patient	Blutdruck	Puls	Temperatur	Stuhlgang	Krankheit
Frau Meyer		84	37^6		Gallenblasenentzündung
Herr Schöller	125/80			ja	
Herr Braun		68		ja	Nierensteine
Herr Engel	150/105		38^6		
Frau Baumeister		76	36^8		Gallensteine
Frau Hermann	160/110				Bauchspeicheldrüsenentzündung
Herr Krämer	135/80		38^2	ja	
Frau Mertens		88			Blasenentzündung
Frau Öztürk	115/70		36^4	ja	
Frau Sonntag		100		ja	

Die Kardinalzahlen ab 25. Vergleichen Sie bitte die Zahlen mit Ihren Eintragungen auf Seite 71.

25	fünfundzwanzig	100	hundert*	1000	tausend**
26	sechsundzwanzig	101	hunderteins	2000	zweitausend
27	siebenundzwanzig	105	hundertfünf	3000	dreitausend
28	achtundzwanzig	110	hundertzehn	4000	viertausend
29	neunundzwanzig	200	zweihundert	4013	viertausenddreizehn
30	dreißig	300	dreihundert	5487	fünftausendvierhundert-
40	vierzig	400	vierhundert		siebenundachtzig
50	fünfzig	500	fünfhundert		
60	**sechzig**	600	sechshundert		
70	**siebzig**	700	siebenhundert		
80	achtzig	800	achthundcrt	*	oder „einhundert"
90	neunzig	900	neunhundert	**	oder „eintausend"

v 1 **Fieber messen – Wie heißen die Meßarten?**

axillar   unter dem Arm

_____

_____

v 2 **Schreiben Sie bitte Synonyme auf.**

Abführen:

_____

_____

_____

_____

Wasser lassen:

_____

_____

_____

_____

v 3 **Welche deutschen Wörter kann man für folgende Fachwörter verwenden? Denken Sie bitte an die Artikel.**

die Obstipation _____

die Diarrhöe _____

die Menstruation _____

die Hypertonie _____

die Hypoglykämie _____

die Tachykardie _____

das Colon _____

die Zystitis _____

die Cholelithiasis _____

A 1 Ordnen Sie bitte die Angaben aus dem Kasten den Begriffen zu.

1. die Adresse: *Mozartstraße 87*
   33604 Bielefeld

2. die Telefonnummer:

3. das Aufnahmedatum:

4. die Uhrzeit:

5. die Station:

6. das Geburtsdatum:

7. das Alter:

8. die Größe:

9. das Gewicht:

10. der Blutdruck:

11. der Puls:

12. die Temperatur:

13. letztes Mal im Krankenhaus:

```
M 5      170/95        1985
     70         05 21/316 15 94
  92
Mozartstr. 87, 33604 Bielefeld
  36⁸    178 cm        14. 8. 93
16.15 Uhr   15. 3. 1923   87 kg
```

Wie spricht und liest man die Zahlenangaben oben? Ordnen Sie bitte die passenden Lesarten aus dem Schüttelkasten den Angaben oben zu und schreiben Sie diese in die freien Zeilen unter die Zahlen.

neunzehnhundertfünfundachtzig   siebenundachtzig Kilo   M fünf   sechsunddreißig acht
zweiundneunzig
null fünf zwo eins dreihundertsechzehn fünfzehn vierundneunzig
siebzig
Mozartstraße siebenundachtzig dreiunddreißigtausendsechshundertvier Bielefeld   sechzehn Uhr fünfzehn
fünfzehnter dritter neunzehnhundertdreiundzwanzig   (ein-)hundertsiebzig zu fünfundneunzig
eins achtundsiebzig   vierzehnter achter dreiundneunzig

Die Größe schreibt man *1,63* m oder *163* cm.
Man liest: „eins dreiundsechzig"!
Das Gewicht schreibt man *64* kg.
Man liest: „vierundsechzig" oder „vierundsechzig Kilo"!
Wichtig: Viele ältere Patienten geben ihr Gewicht in Pfund an! 2 Pfund = 1 kg.
In unserem Beispiel sind das 128 Pfund.

A 2 **Raten Sie die Größe,
das Gewicht
und das Alter
Ihrer Mitschüler.**

Ich	nehme an,	sie/er	ist	165 cm groß.
	glaube,		wiegt	60 kg.
	denke,		ist	28.

A 3 **Gegenüber sehen Sie einen Aufnahmebogen. Lesen Sie ihn bitte.
Danach ordnen Sie die Dialogteile A bis J den Abschnitten 1 bis 10 des Aufnahmebogens zu.**

A
S. Marion: Wer ist Ihr Hausarzt?
Frau Sommer: Dr. Schütte.
S. Marion: Wissen Sie seine Adresse?
Frau Sommer: Nein, ich habe den Arzt gerade gewechselt. Vorher bin ich zu einem anderen Arzt gegangen, aber der hat seine Praxis leider geschlossen. Mein Mann weiß die Adresse, er muss nachher kommen und meine Medikamente mitbringen. Ich habe sie vergessen.
S. Marion: Dann rufe ich ihn gleich mal an und frage ihn.

B
S. Marion: Sind Sie verheiratet?
Frau Sommer: Ja.
S. Marion: Und welche Konfession haben Sie?
Frau Sommer: Ich bin katholisch.
S. Marion: Sind Sie Deutsche?
Frau Sommer: Nein, ich bin Französin.

D
S. Marion: Wann ist Ihr Mann geboren?
Frau Sommer: Am 31.12.29.
S. Marion: Was ist er von Beruf?
Frau Sommer: Schreiner.
S. Marion: Und wer ist sein Arbeitgeber?
Frau Sommer: Schöller.
S. Marion: Und bei welcher Krankenkasse ist er versichert?
Frau Sommer: Bei der AOK Krefeld.

G
S. Marion: Sind Sie selbst kranken-versichert oder über Ihren Mann?
Frau Sommer: Über meinen Mann.
S. Marion: Die Adresse ist dieselbe, oder?
Frau Sommer: Ja.

I
S. Marion: Sind Sie heute von zu Hause gekommen? Oder sind Sie aus einem anderen Krankenhaus gekommen?
Frau Sommer: Ich bin jetzt aus dem Bethesda-Krankenhaus gekommen.

C
S. Marion: Gut, und wann sind Sie geboren?
Frau Sommer: Am 15.5.27.
S. Marion: Wie ist Ihr Geburtsname?
Frau Sommer: Mein Geburtsname ist Martin.
S. Marion: Wie schreibt man das bitte?
Frau Sommer: M-A-R-T-I-N.
S. Marion: Und wo sind Sie geboren?
Frau Sommer: In Paris.

E
S. Marion: Wen sollen wir im Notfall anrufen?
Frau Sommer: Meinen Mann, bitte. Und wenn der nicht da ist, meine Schwester.
S. Marion: Wie heißt sie?
Frau Sommer: Anne Berger.
S. Marion: Und wie ist ihre Telefonnummer?
Frau Sommer: Das ist in Düsseldorf 0211-166119.
S. Marion: Wie heißt Ihr Mann mit Vornamen? Und wie ist seine Telefonnummer?
Frau Sommer: Herbert und die Nummer ist 506116 hier in Duisburg.

F
S. Marion: Wo wohnen Sie?
Frau Sommer: In Krefeld, in der Blumenstraße 24.
S. Marion: Wissen Sie die Postleitzahl von Krefeld?
Frau Sommer: Ja, das ist 47798.

H
S. Marion: Guten Tag. Ich bin Schwester Marion. Sie sind Frau Sommer, oder?
Frau Sommer: Ja.
S. Marion: Frau Sommer, ich muss Ihnen einige Fragen für den Aufnahmebogen stellen. Sommer ist Ihr Familienname: Sommer mit zwei „M" oder mit einem?
Frau Sommer: Mit zwei „M".
S. Marion: Und wie ist Ihr Vorname?
Frau Sommer: Janine.
S. Marion: Wie schreibt man das?
Frau Sommer: J-A-N-I-N-E.

J
S. Marion: Was sind Sie von Beruf?
Frau Sommer: Ich bin Rentnerin, vorher habe ich als Verkäuferin gearbeitet.

1	H
2	
3	
4	
5	
6	
7	
8	
9	
10	

Station

`C 4`

Aufnahmebogen

Den Aufnahmebogen füllt normalerweise das Personal in der Aufnahme aus. Wenn der Patient aber nachts oder am Wochenende kommt, macht dies das Krankenpflegepersonal.

Familienname des Patienten

Vorname

1 `SOMMER` `JANINE`

Geburtsdatum   Geburtsort   Geburtsname

2 `15.05.1927` `PARIS` `MARTIN`

Der Geburtsname ist der Name einer Person vor ihrer Heirat.

Postleitzahl   Wohnort   Straße und Hausnummer

3 `47798` `KREFELD` `BLUMENSTR 24`

Familienstand (LD = ledig, VH = verheiratet, VW = verwitwet, GS = geschieden)

Konfession (rk = römisch-katholisch, ev = evangelisch, an = andere)

4 `VH` `RK`

Nationalität

Geschlecht (m = männlich, w = weiblich)

`FRANZÖSISCH` `W`

Verlegung von Krankenhaus   Dies muss man ausfüllen, wenn der Patient aus einem anderen Krankenhaus kommt.

5 `BETHESDA/WUPPERTAL`

einweisender Arzt   Der einweisende Arzt ist der Arzt, der den Patienten in die Klinik schickt/einweist.

`BETHESDA-KRANKENHAUS`

Hausarzt (Adresse)   Der Hausarzt ist der Arzt, zu dem der Patient normalerweise geht.

6 `DR. SCHÜTTE`

Beruf   Arbeitgeber

7 `RENTNERIN`

Name und Telefonnummer von Angehörigen   Angehörige sind Familienmitglieder oder nahe Freunde des Patienten.

8 `HERBERT SOMMER 506116`
`A. BERGER 0211-16119`

Hauptversicherter:

Der Hauptversicherte kann der Patient selbst sein: dann kommen hier die Daten des Patienten hin. Der Hauptversicherte kann aber auch – wie bei Frau Sommer – der Ehepartner oder bei Kindern Vater oder Mutter sein.

Familienname   Vorname

9 `SOMMER` `HERBERT`

Postleitzahl   Wohnort   Straße und Hausnummer

`47798` `KREFELD` `BLUMENSTR. 24`

Geburtsdatum   Beruf   Arbeitgeber

10 `31.12.1929` `SCHREINER` `SCHÖLLER`

Krankenkasse (mit Ort)

`AOK KREFELD`

A 4 🔲 Sie hören das Telefonat zwischen Schwester Marion und Herrn Sommer. Notieren Sie bitte die Adresse des Hausarztes von Frau Sommer und tragen Sie diese in den Aufnahmebogen ein. Was soll Herr Sommer mitbringen?

A 5 Welche Aussage ist richtig? Kreuzen Sie bitte an.

1. Frau Sommer ist	☐ ledig	☐ verheiratet	☐ verwitwet
2. Sie ist	☐ evangelisch	☐ katholisch	
3. Ihre Nationalität ist	☐ deutsch	☐ türkisch	☐ französisch
4. Ihr Hausarzt heißt	☐ Dr. Berger	☐ Dr. Schütte	☐ Dr. Schöller
5. Sie kommt	☐ von zu Hause	☐ aus dem Altersheim	☐ aus einem Krankenhaus
6. Ihr Geburtsname ist	☐ Martin	☐ Janine	☐ Sommer
7. Sie sagt die Telefonnummer	☐ von ihrer Tochter	☐ von ihrer Schwester	☐ von ihrem Sohn
8. Sie ist	☐ über ihren Mann krankenversichert	☐ selbst versichert	
9. Sie ist am	☐ 31. 12. 1929 geboren	☐ 15. 5. 1927 geboren	☐ 15. 5. 1972 geboren
10. Ihr Mann ist am	☐ 12. 3. 1929 geboren	☐ 31. 12. 1992 geboren	☐ 31. 12. 1929 geboren

A 6 🔲GR **Perfekt: Regelmäßige Verben**
Übertragen Sie bitte die Sätze aus dem Schüttelkasten in die Tabelle und vervollständigen Sie dann die Regel auf Seite 91.

> 1. Ihr Mann hat die Medikamente geholt.   2. Schwester Marion hat Fragen gestellt.
>
> 4. Schwester Marion hat nach dem Hausarzt gefragt.   3. Frau Sommer hat den Arzt gewechselt.
>
> 5. Früher hat sie als Verkäuferin gearbeitet.   6. Der Arzt hat die Patientin über die Operation informiert.
>
> 7. Frau Sommer hat sich nicht an die Adresse erinnert.   8. Herr Sommer hat seine Frau besucht.

	1.	2. Hilfsverb „haben"	3. Mittelfeld	4. Partizip II
1.	*Ihr Mann*	*hat*	*die Medikamente*	*geholt.*
2.				
3.				
4.				
5.				
6.				
7.				
8.				

Das Perfekt drückt aus, dass etwas in der **Vergangenheit** passiert ist.
Bei den **regelmäßigen** Verben wird es mit dem Präsens des Hilfsverbs **haben** und dem **Partizip II**
des Vollverbs gebildet.

Das Partizip II wird wie folgt gebildet: _____ + *Stamm* + _____.
Bei Verben mit **untrennbaren Vorsilben** (z. B. **er**innern, **be**suchen) und bei Verben auf **-ieren**
(z. B. inform**ieren**) fällt das *ge-* weg (→ informiert).
Das **Partizip II** steht im Hauptsatz am **Satzende.**

A 7 Was hat Schwester Jasmina im Frühdienst gemacht?
Bilden Sie bitte mit den Vokabeln aus dem Schüttelkasten Sätze im Perfekt und schreiben
Sie diese unter das passende Foto.

Frau Kaufmann füttern *Herrn Riedel rasieren* *eine Vase holen* *Frühstück verteilen*	
Werte dokumentieren *Verbände wechseln* *Frau Schmitz Blutdruck messen*	

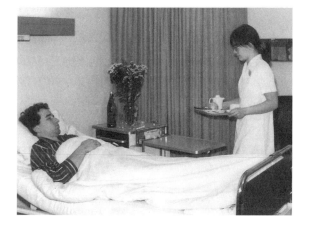

_____

_____

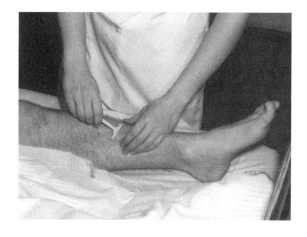

_____

_____

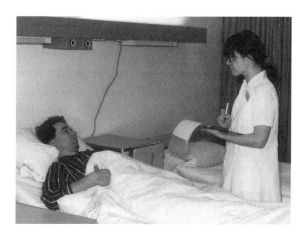

_____

_____

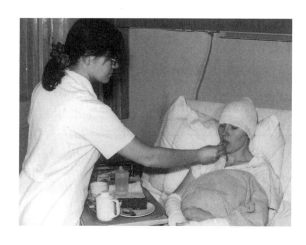

_____

_____

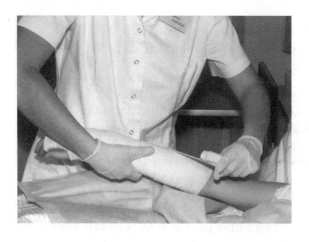

_____

_____

_____

_____

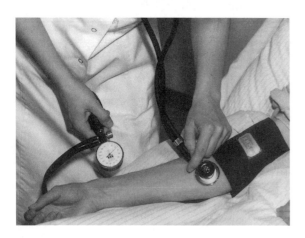

_____

_____

A 8 GR **Perfekt: Unregelmäßige Verben**
Übertragen Sie bitte die Sätze aus dem Schüttelkasten in die Tabelle auf Seite 93
und vervollständigen Sie dann die Regel unten.

1. Der Arzt hat seine Praxis geschlossen.   2. Sie hat die Medikamente vergessen.

3. Sie ist vorher im Bethesda-Krankenhaus gewesen.

4. Der Pfleger hat die Patientin gewogen.

5. Schwester Jasmina hat den Blutdruck gemessen.

6. Frau Sommer ist aus dem Bethesda-Krankenhaus gekommen.

7. Vorher ist sie zu einem anderen Arzt gegangen.

	1.	2. Hilfsverb „haben"/„sein"	3. Mittelfeld	4. Partizip II
1.	Der Arzt	hat	seine Praxis	geschlossen (Infinitiv: schließen)
2.				(Infinitiv:)
3.				(Infinitiv:)
4.				(Infinitiv:)
5.				(Infinitiv:)
6.				(Infinitiv:)
7.				(Infinitiv:)

Unregelmäßige Verben heißen so, weil sich bei ihnen in der Vergangenheitsform meistens
der **Vokal im Stamm verändert.** (Beispiel: *schließen → geschlossen).
Bei den **unregelmäßigen** Verben wird das **Perfekt** mit dem Präsens des Hilfsverbs **haben** oder **sein**
(**sein** bei Verben, die einen **Ortswechsel** beschreiben, z. B. gehen, kommen) und dem **Partizip II** gebildet.

Das Partizip II wird wie folgt gebildet: _____ + *Perfektstamm* + _____.
Bei Verben mit **untrennbaren Vorsilben** (z. B. **ver**lieren, **zer**schneiden) fällt das *ge-* weg.
Lernen Sie das Partizip II sofort mit jedem neuen Verb!
Die unregelmäßigen Verben sind in diesem Buch mit einem * markiert.

A 9 GR **Partizip II der Hilfsverben**

Infinitiv	Partizip II
haben	gehabt
sein	gewesen

A 10 👪 **Frau Sommer hat einen komplizierten Beinbruch. Warum?
Was könnte passiert sein? Suchen Sie bitte zusammen mit Ihren Mitschülern
mögliche Ursachen.**

Vielleicht hat Frau Sommer einen Autounfall gehabt.

Vielleicht hat / ist sie

Vielleicht

A 11 Schwester Marion fragt Frau Sommer auch, wie sie sich ihr Bein gebrochen hat. Frau Sommer erzählt ihr von ihrem Unglück. Bringen Sie bitte ihre Geschichte in die richtige Reihenfolge, indem Sie die Zeichnungen nummerieren.

Beschreiben Sie nun bitte, wie sich Frau Sommer ihr Bein gebrochen hat. Verwenden Sie dabei das Perfekt.

_____

_____

_____

_____

_____

_____

_____

_____

A 12 Wie fragt man nach …?

… dem Vornamen	… dem Geburtsdatum	… der Adresse

… dem Familienstand	… der Konfession	… dem Beruf

… der Telefonnummer von Angehörigen	… der Krankenkasse	… dem Arbeitgeber

Tragen Sie bitte die Redemittel in die Tabelle ein.
Kennen Sie weitere Redemittel aus dem Dialog?

Welche Konfession haben Sie?   Wie ist die Telefonnummer von Ihren Angehörigen?

In welcher Krankenkasse sind Sie?   Was ist Ihr Beruf?   Wie heißen Sie mit Vornamen?

Wo wohnen Sie?   Sind Sie ledig?   Wie heißt Ihr Arbeitgeber?

Können Sie mir bitte Ihr Geburtsdatum sagen?

A 13 Ordnen Sie bitte die Fragen aus dem Schüttelkasten in die Tabelle ein und beantworten Sie dann die Fragen.

Wo wohnen Sie?   Heißen Sie Diaz?   Wie ist Ihr Familienstand?   Sind Sie Kfz-Mechaniker?

Wohnen Sie in der Sudbrackstraße?   Wie heißen Sie?   Was sind Sie von Beruf?   Sind Sie ledig?

	Ja-Nein-Frage	W-Frage
Name Antwort:	_Heißen Sie Diaz?_	
Adresse Antwort:		
Familienstand Antwort:		
Beruf Antwort:		

Vergleichen Sie bitte nun die Antworten und entscheiden Sie, welcher Fragetyp Ihnen mehr Informationen gibt. Vervollständigen Sie die Regel.

Genaue und längere Antworten bekommt man mit der _____.

A 14 Fragen Sie bitte Ihren Partner nach folgenden Punkten und machen Sie sich Notizen.

seine Adresse: _____

seine Telefonnummer: _____

sein Alter: _____

sein Geburtsdatum: _____

sein Familienstand: _____

seine Konfession: _____

sein Arbeitgeber: _____

seine Krankenkasse: _____

seine Größe: _____

sein Gewicht: _____

B **1** Hilfsmittel
Schreiben Sie bitte die Wörter unter die Zeichnungen.

der Gehwagen (-)   der Toilettenstuhl (¨e)   der Rollstuhl (¨e)   die Urinflasche (-n)
           die Brille (-n)   die Bettpfanne (-n)   die Krücke (-n)

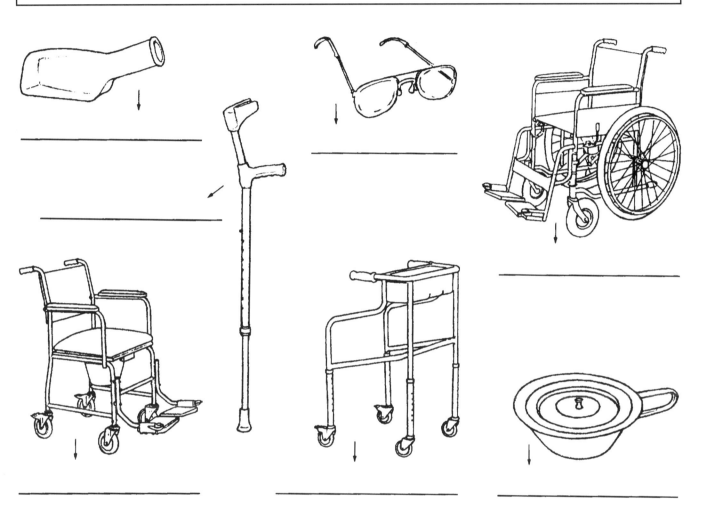

Überlegen Sie bitte, welche Verben aus dem Schüttelkasten zu welchem Nomen gehören.

auf die Bettpfanne   *gehen*

Bettruhe   _____

eine Allergie   _____

eine Brille   _____

im Gehwagen   _____

an Krücken   _____

im Rollstuhl   _____

zur / auf die Toilette   _____

auf den Toilettenstuhl   _____

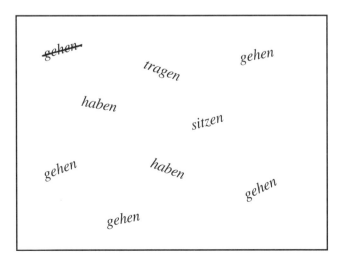

~~gehen~~   gehen
         tragen
   haben
          sitzen
gehen   haben
                gehen
      gehen

B 2 Hier sehen Sie den Ausschnitt eines Stammblattes. Das Stammblatt füllt das Pflegepersonal bei der Aufnahme des Patienten aus. Schwester Marion fragt nicht nach allen Punkten auf dem Stammblatt, weil sie z. B. schon weiß, dass Frau Sommer Bettruhe hat und liegend gekommen ist. Andere Dinge beobachtet Schwester Marion, z. B., dass Frau Sommer keine Arm- oder Beinprothese hat.

Stammblatt

Name:	Hilfsmittel:			
Vorname:	Kontaktlinsen	❏ links	❏ rechts	❏ Brille
Geburtsdatum:	Arm-/Beinprothese	❏ links	❏ rechts	❏ keine
Einweisungsdiagnose:	Zahnprothese	❏ oben	❏ unten	❏ keine
	Hörgerät	❏ links	❏ rechts	❏ keine
	Wie kommt der Patient?	❏ gehend	❏ sitzend	❏ liegend
Angehörige (Tel.-Nr.):	Versorgung zu Hause	❏ selbstständig	❏ mithilfe	❏ bettlägerig
	Hilfestellung erforderlich beim	❏ Waschen	❏ Essen	❏ Aufstehen
	Ausscheiden	❏ Bettpfanne	❏ Toilettenstuhl	❏ Toilette
Hausarzt:	Gehen:	❏ ohne Hilfsmittel ❏ Rollstuhl	❏ mit Krücken	❏ im Gehwagen
Einweisender Arzt:	Bettruhe	❏ ja	❏ nein	
	soziale Situation:			
Größe: _____ cm Gewicht: _____ kg	*verheiratet, Mann und Schwester kümmern sich um sie, Lebt zu Hause*			
Allergien/Unverträglichkeit:				
Diät:	Datum:	Unterschrift: *Sr. Marion*		

B 3 Tragen Sie bitte die fehlenden Angaben in das Stammblatt ein. Sie finden die Informationen im Dialog und auf dem Aufnahmebogen auf Seite 89.
Dieser Dialog ist ein weiterer Teil des Aufnahmegesprächs.

1 **S. Marion:** Frau Sommer, Sie wissen ja: Im Moment dürfen Sie nicht aufstehen, Sie haben Bettruhe. Wenn Sie Wasser lassen oder Verdauung machen müssen, bringen wir Ihnen die Bettpfanne. Sie 5 klingeln dann, hier ist die Klingel: Auf diesen Knopf müssen Sie drücken!
Frau Sommer: Darf ich auch nicht auf den Toilettenstuhl?
S. Marion: Nein, im Moment dürfen Sie das auf 10 keinen Fall. Frau Sommer, ich habe noch ein paar Fragen: Können Sie mir bitte Ihre Größe und Ihr Gewicht sagen? Sie haben ja im Moment Bettruhe und dürfen nicht aufstehen. Wenn Sie wieder aufstehen dürfen, wiege ich Sie mit der Waage.
15 **Frau Sommer:** Ich bin 1,72 m groß und wiege ungefähr 90 kg.
S. Marion: Haben Sie eine Diät? Sind Sie Diabetikerin?
Frau Sommer: Nein, Diabetikerin nicht. Aber mein 20 Arzt hat mir eine cholesterinarme Diät verordnet.
S. Marion: Und die halten Sie auch ein?
Frau Sommer: Ja, das mache ich.

S. Marion: Gut. Tragen Sie Kontaktlinsen oder eine Brille?

Frau Sommer: Ich trage eine Brille.

S. Marion: Haben Sie eine Zahnprothese, oder sind das Ihre eigenen Zähne?

Frau Sommer: Ich habe eine Prothese.

S. Marion: Oben und unten?

Frau Sommer: Nur oben.

S. Marion: Ein Hörgerät haben Sie nicht, oder?

Frau Sommer: Nein, habe ich nicht.

S. Marion: Wie kommen Sie denn zu Hause zurecht? Haben Sie jemanden, der Ihnen hilft, oder kommen Sie allein klar?

Frau Sommer: Ich komme allein klar. Außerdem ist mein Mann ja auch da.

S. Marion: Und haben Sie Kinder?

Frau Sommer: Nein, Kinder habe ich nicht.

40 **S. Marion:** Und Ihre Schwester? Sehen Sie die oft?

Frau Sommer: Ja, wir verstehen uns sehr gut. Sie ist zehn Jahre jünger als ich. Wenn es mir mal nicht gut geht, kommt sie und hilft mir.

S. Marion: O.K., das habe ich alles aufgeschrieben. 45 Haben Sie noch eine Frage?

Frau Sommer: Nein, ich glaube nicht.

S. Marion: Gut, dann sind wir für den Moment fertig. Gleich kommt der Stationsarzt. Bis später, Frau Sommer.

50 **Frau Sommer:** Bis später!

B 4 Besorgen Sie bitte in Ihrer Klinik Muster vom Stammblatt und vom Aufnahmebogen. Vergleichen Sie sie mit diesen Formularen und tragen Sie die Informationen über Frau Sommer ein.

B 5 📼 Sie hören ein anderes Aufnahmegespräch. Füllen Sie bitte den Aufnahmebogen und den Stammblattausschnitt aus.

Station

Aufnahmebogen

☐☐☐☐

Familienname des Patienten   Vorname

Geburtsdatum   Geburtsort   Geburtsname

Postleitzahl   Wohnort   Straße und Hausnummer

Familienstand (LD = ledig, VH = verheiratet, VW = verwitwet, GS = geschieden)   Konfession (rk = römisch-katholisch, ev = evangelisch, an = andere)

Nationalität   Geschlecht (m = männlich, w = weiblich)

Verlegung von Krankenhaus

einweisender Arzt

Hausarzt (Adresse)

Beruf

Arbeitgeber

Name und Telefonnummer von Angehörigen

Hauptversicherter:

Familienname

Vorname

Postleitzahl   Wohnort

Straße und Hausnummer

Geburtsdatum   Beruf

Arbeitgeber

Krankenkasse (mit Ort)

Stammblatt

Name:	Hilfsmittel:			
Vorname:	Kontaktlinsen	❏ links	❏ rechts	❏ Brille
Geburtsdatum:	Arm-/Beinprothese	❏ links	❏ rechts	❏ keine
Einweisungsdiagnose:	Zahnprothese	❏ oben	❏ unten	❏ keine
	Hörgerät	❏ links	❏ rechts	❏ keine
	Wie kommt der Patient?	❏ gehend	❏ sitzend	❏ liegend
Angehörige (Tel.-Nr.):	Versorgung zu Hause	❏ selbstständig	❏ mithilfe	❏ bettlägerig
	Hilfestellung erforderlich beim	❏ Waschen	❏ Essen	❏ Aufstehen
	Ausscheiden	❏ Bettpfanne	❏ Toilettenstuhl	❏ Toilette
Hausarzt:	Gehen:	❏ ohne Hilfsmittel ❏ Rollstuhl	❏ mit Krücken	❏ im Geh- wagen
Einweisender Arzt:	Bettruhe	❏ ja	❏ nein	
	soziale Situation:			
Größe: _____ cm				
Gewicht: _____ kg				
Allergien/Unverträg- lichkeit:				
	Datum:	Unterschrift:		
Diät:				

B 6 Übergabe. Schwester Marion berichtet ihren Kollegen über einen neuen Patienten.
Lesen Sie den Übergabetext bitte genau und stellen Sie danach Frau Sommer vor.

S. Marion: Herr Mann ist der neue Patient in Zimmer 408. Er ist 76 Jahre alt. Er kommt mit Verdacht auf eine tiefe Beinvenenthrombose rechts und hat absolute Bettruhe. Er bekommt fleischfreie Kost. Der Doktor muss noch Medikamente und Untersuchungen anordnen. Die Tabletten, die er zu Hause genommen hat, liegen auf dem Schreibtisch. Der Doktor muss sie sich noch ansehen. Herr Mann ist deprimiert, weil er dieses Jahr nun schon zum dritten Mal im Krankenhaus ist. Das ist erstmal alles zu Herrn Mann.

Was ist sonst auf der Station passiert? Berichten Sie bitte weiter.

Herr Meier ...

Die Schwester ...

Herr Schmidt ...

Frau Müller ...

Dr. Westhagen ...

Herr Weiß ...

B 7 Sie hören eine Übergabe. Notieren Sie sich bitte die wichtigen Informationen. Stellen Sie nun den Patienten mit Hilfe Ihrer Notizen vor.

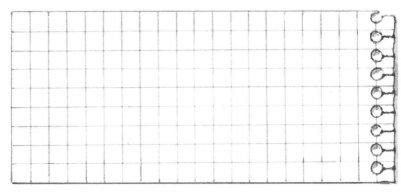

B 8 Denken Sie sich bitte einen Patienten nach folgenden Stichpunkten aus.
Nun fragen Sie sich gegenseitig nach den Informationen Ihrer Patienten.

Name: _____

Alter: _____

Familienstand: _____

Krankheit: _____

Größe und Gewicht: _____

Allergie: _____

soziale Situation (lebt
zu Hause alleine / in der
Familie, im Altenheim): _____

v 1 Ergänzen Sie bitte zu folgenden Wörtern in Lektion sieben die Artikel und die Pluralendungen. Suchen Sie das entsprechende Wort in Ihrer Muttersprache.

———————— Rollstuhl ( ) ————————————————————

———————— Toilettenstuhl ( ) ————————————————————

———————— Urinflasche ( ) ————————————————————

———————— Bettpfanne ( ) * ————————————————————

* Es werden außerdem folgende Wörter für *Bettpfanne* verwendet: die Pfanne (-n), das Thrönchen (-), das Steckbecken (-), der Topf (-̈e).

v 2 Schreiben Sie bitte für folgende Dinge die Wörter mit Artikel und Pluralendung auf.

Hilfsmittel zum

Sehen: ————————————

————————————

Hören: ————————————

Gehen: ————————————

————————————

Kauen: ————————————

v 3 Wie heißen folgende Wörter in Ihrer Muttersprache?

füttern ————————————

rasieren ————————————

wiegen ————————————

links ————————————

rechts ————————————

oben ————————————

unten ————————————

v 4 Bei diesen Wörtern fehlt jeweils das zweite Element. Suchen Sie bitte die kompletten Wörter in Lektion sieben. Wie heißen die Wörter in Ihrer Muttersprache?

die Telefon ———————————— ————————————

das Geburts ———————————— ————————————

der Vor ———————————— ————————————

der Wohn ———————————— ————————————

die Kranken ———————————— ————————————

der Aufnahme ———————————— ————————————

das Stamm ———————————— ————————————

das Kranken ———————————— ————————————

das Alten ———————————— ————————————

v 5 Füllen Sie die Lücken aus.

Das Gewicht misst man in ———————— oder ————————.

Die Größe misst man in ———————— oder ————————.

Die Atmungsorgane

Allgemein-sprachliche Wörter	medizinische Fachwörter
die Lunge (-n)	der Pulmo
das Rippenfell	die Pleura costalis
das Lungenfell	die Pleura pulmonalis
das Brustfell	die Pleura
die Rippe (-n)	die Costa (-e)
die Luftröhre	die Trachea
der Herzbeutel	das Perikard
das Zwerchfell	das Diaphragma

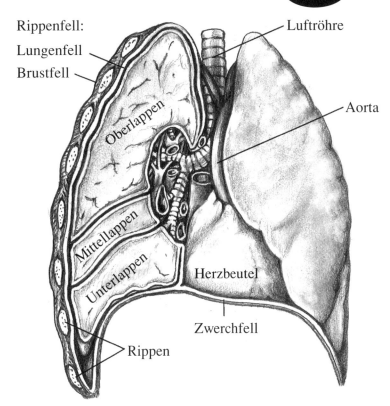

Rippenfell:
Lungenfell
Brustfell
Luftröhre
Aorta
Oberlappen
Mittellappen
Unterlappen
Herzbeutel
Zwerchfell
Rippen

A 1 Ergänzen Sie bitte die Liste medizinischer Fachausdrücke mit den Wörtern für Krankheiten aus dem Schüttelkasten.

die Luftröhrenentzündung (-en)

der Speiseröhrenkrebs (Sg.)

die Herzbeutelentzündung (-en)

die Brustfellentzündung (-en)

die Lungenentzündung (-en)

das medizinische Fachwort	das deutsche Synonym
das Lungenkarzinom (-e)	der Lungenkrebs (Sg.)
die Pneumonie (-n)	_____
die Bronchitis (Bronchi**tiden**)	die Entzündung der Bronchien
die Tracheitis (**-tiden**)	_____
die Perikarditis (**-tiden**)	_____
die Pleuritis (**-tiden**)	_____
das Ösophaguskarzinom (-e)	_____

Sehen Sie sich bitte die Wörter in der Tabelle an und ergänzen Sie in folgender Regel die Wörter „die -entzündung" und „den -krebs".

Das Element **-karzinom** (Abkürzung **-Ca**) bezeichnet _____ _____ .

Die Endung **-itis** bezeichnet _____ _____ .

A 2 Das Narkoseprotokoll

Datum 11.4.94	Zimmer 16	Blutgruppe O Rh pos. (+)	30 Jahre 178 cm 80 kg	geplante Operation: Lungen - OP

C 2 Meyer, Hans *3.3.1964 Talstr. 127 53177 Bonn AOK Bonn		← Aufkleber mit den Patientendaten

Klinische Diagnose:

Bronchial – Ca

Klin. Daten:	RR $^{120}/_{80}$	Puls 84
Hgb g % 13,1	Hkt 40	EKG o.B.

Hgb oder Hb = Hämoglobin

o. B. = ohne Besonderheiten

Hkt oder Hk = Hämatokrit

Unverträglichkeit / Allergie

keine Allergie bekannt

Praemedikation: ←

Vorabend:

50 mg Tranxilium p.o. ←

OP-Tag:

7^{00} { 50 mg Dolantin / 50 mg Atosil / 0,5 mg Atropin } i.m. ←

Prämedikation = die Medikamente, die der Patient vor der Operation erhält

p. o. = per os = durch den Mund

i. m. = intramuskulär

---

1 *Schwester Jasmina hat heute Frühdienst. Schwester Susanne hat Nachtdienst gehabt. Sie sagt:*
    Herr Meyer soll um 7.30 Uhr im OP sein. Ihr müsst ihm bitte um 7 Uhr die Praemedikation
5   geben.
S. Jasmina: Hat er sich denn schon gewaschen? Es ist ja schon 6.30 Uhr.
S. Susanne: Ja, ich habe ihm vor einer Viertelstunde gesagt, dass er sich duschen soll.
10 **S. Jasmina:** Gut, dann gehe ich gleich zu ihm. *Schwester Jasmina sieht auf dem Narkoseprotokoll nach und zieht die Praemedikationsspritze für Herrn Meyer auf. Dann geht sie zu Herrn Meyer.*
S. Jasmina: Guten Morgen, Herr Meyer. Haben Sie
15   gut geschlafen?
Herr Meyer: Ja, tief und fest. Ich habe ja gestern Abend eine Tablette bekommen. Jetzt bin ich aber ganz schön nervös.
S. Jasmina: Das ist ganz normal. Bald haben Sie es
20   ja geschafft.

Herr Meyer: Ich habe unheimlichen Durst.
S. Jasmina: Sie müssen aber nüchtern bleiben. Sie dürfen nichts essen und nichts trinken. Gewaschen haben Sie sich schon, oder?
25 **Herr Meyer:** Ich habe geduscht.
S. Jasmina: Müssen Sie denn nochmal zur Toilette?
Herr Meyer: Nein, ich war gerade erst.
S. Jasmina: Gut. Herr Meyer, Ihren Ring und die Uhr müssen Sie aber bitte abmachen. Wenn Sie
30   möchten, schließe ich die im Stationszimmer in den Schrank ein.
Herr Meyer: Ja, das wäre nett.
S. Jasmina: Ich tue sie in einen Umschlag, auf den ich Ihren Namen schreibe.
35 **Herr Meyer:** Gut, vielen Dank.
S. Jasmina: Haben Sie eine Zahnprothese, Herr Meyer?
Herr Meyer: Nein.
S. Jasmina: Gut, dann ziehen Sie sich bitte jetzt das
40   OP-Hemd an!

Herr Meyer: Kann ich denn die Unterwäsche und die Strümpfe anlassen?

S. Jasmina: Nein, das müssen Sie alles ausziehen. Und dann legen Sie sich bitte hin! Jetzt müssen Sie sich die Antithrombosestrümpfe anziehen. Ich helfe Ihnen dabei.

Herr Meyer legt sich hin. Schwester Jasmina hilft ihm, die Antithrombosestrümpfe anzuziehen.

S. Jasmina: So, legen Sie sich bitte auf die Seite, dann gebe ich Ihnen Ihre Spritze.

Schwester Jasmina gibt Herrn Meyer die Spritze. Dann bringen Schwester Jasmina und Schwester Marion Herrn Meyer mit seiner Kurve, Befunden und Röntgenbildern in den OP.

Schreiben Sie bitte jeweils einen passenden Satz unter die Fotos.

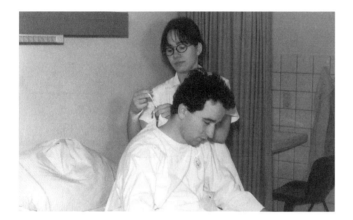

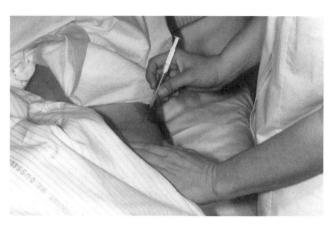

A 3 Suchen Sie die Informationen zu folgenden Fragen im Narkoseprotokoll und im Text. Notieren Sie bitte die Angaben in Stichworten.

Wie ist der Blutdruck von Herrn Meyer? _____

Wie hoch sind seine Blutwerte? _____

Hat Herr Meyer am Abend vor der Operation eine Spritze oder eine Tablette bekommen? _____

Was für ein Medikament bekommt Herr Meyer am Morgen vor der Operation? _____

Um wie viel Uhr soll Herr Meyer im OP sein? _____

Was für eine Operation ist bei Herrn Meyer geplant? _____

Welche Krankheit hat er? _____

Hat Herr Meyer eine Allergie? _____

Wann ist Herr Meyer geboren? _____

Darf Herr Meyer vor der Operation frühstücken? _____

Muss Herr Meyer seine Unterwäsche vor der Operation ausziehen, oder darf er sie anlassen? _____

Was muss er vor der Operation anziehen? _____

Schwester Jasmina und Schwester Marion bringen Herrn Meyer in den OP. Was nehmen sie noch mit? _____

A 4   Welcher Satz gehört zu welchem Foto? Ordnen Sie bitte zu.

1. Schwester Marion wäscht Herrn Möller.
2. Schwester Marion zieht Herrn Möller den Schlafanzug an.
3. Herr Möller zieht **sich** den Schlafanzug an.
4. Herr Möller wäscht **sich**.

A   B

 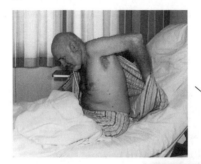

A	
B	
C	
D	

C   D

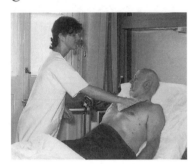 

> Bei den **reflexiven Verben** bezieht sich
> die Aktivität auf die Nominativergänzung.

A 5   **GR**   Reflexivpronomen

> Das **Reflexivpronomen** steht im **Akkusativ**,
> wenn es neben der Nominativergänzung *keine weitere Ergänzung* gibt.
> Hat das Verb neben der Nominativergänzung auch *eine Akkusativergänzung*,
> steht das **Reflexivpronomen** im **Dativ**.

Ergänzen Sie bitte in der Tabelle die fehlenden Reflexivpronomen (= Personalpronomen).

Nominativ-ergänzung	Verb	Reflexiv-pronomen
ich	wasche	
du	wäschst	
Sie	waschen	*sich*
er, sie, es	wäscht	*sich*
wir	waschen	
ihr	wascht	
Sie	waschen	*sich*
sie	waschen	*sich*

Nominativ-ergänzung	Verb	Reflexiv-pronomen	Akkusativ-ergänzung
ich	wasche		die Hände
du	wäschst		die Hände
Sie	waschen	*sich*	die Hände
er, sie, es	wäscht	*sich*	die Hände
wir	waschen		die Hände
ihr	wascht		die Hände
Sie	waschen	*sich*	die Hände
sie	waschen	*sich*	die Hände

Die Operation

B 1 Ergänzen Sie bitte die Reflexivpronomen und beenden Sie die Sätze mit jeweils
einem Element aus dem Schüttelkasten.

1. Du erinnerst _____ _____

2. Der Patient erholt _____ _____

3. Wir freuen _____ _____

4. Die Patienten unterhalten _____ _____

5. Ich rasiere _____ _____

6. Sie wäscht _____ _____

7. Ihr beeilt _____ _____

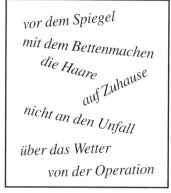

vor dem Spiegel

mit dem Bettenmachen

die Haare

auf Zuhause

nicht an den Unfall

über das Wetter

von der Operation

B 2 Setzen Sie bitte in die Lücken im Text die Nomen aus dem Schüttelkasten ein.

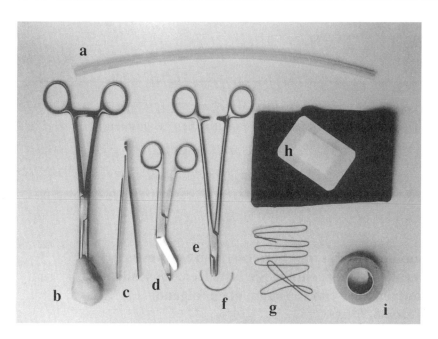

a = die Drainage (-n)
b = der Tupfer (-)
c = die Pinzette (-n)
d = die Schere (-n)
e = der Nadelhalter (-)
f = die Nadel (-n)
g = der Faden (¨)
h = das Pflaster (-)
i = der Pflasterstreifen (-)

das Pflaster (-)   der Pfleger (-)

die Narkose (-n)

die Nadel (-n)   der Patient (-en)

der Tisch (-e)

Der Ablauf einer Operation

Die OP-Schwestern legen den Patienten auf den

OP-_____ . Dann leitet der Anästhesist die

Narkose ein, und der _____ schläft ein. Der

OP-_____ stellt das Licht ein. Der Chirurg

wäscht das OP-Gebiet ab und legt sterile Tücher

um das OP-Gebiet. Dann schneidet er mit einem

Skalpell den Thorax (Brustkorb) auf und entfernt

den kranken Teil der Lunge. Die instrumentierende

Schwester reicht die Pinzette und die Tupfer an. Der

Chirurg legt eine Drainage ein und näht den Thorax

mit _____ und Faden zu. Der OP-Pfleger

klebt ein _____ auf die Naht. Die OP ist nun

zu Ende. Der Anästhesist leitet die _____ aus,

und der Patient wacht langsam auf.

B 3 Unterstreichen Sie bitte im Text alle trennbaren Verben.
Übertragen Sie deren Infinitive in die Tabelle und bilden Sie das Partizip II.

Trennbare Verben			(Fortsetzung)
Infinitiv	Partizip II		
einleiten	eingeleitet		
einschlafen	eingeschlafen		

B 4 GR Perfekt: Trennbare Verben
Ergänzen Sie bitte die folgende Regel.

Das **Perfekt** von **trennbaren** Verben wird mit dem Präsens des **Hilfsverbs** _____ oder _____
gebildet und dem **Partizip II**. Das Partizip II setzt sich folgendermaßen zusammen:

Vorsilbe + _____ + Stamm + ⟨ _____ (regelmäßige Verben)
_____ (unregelmäßige Verben)

B 5 Schülerin Renate hat die Operation beobachtet und berichtet nun Schwester
Jasmina über den Ablauf der Operation. Übernehmen Sie bitte Renates Rolle,
und berichten Sie im Perfekt. Benutzen Sie beim Erzählen auch folgende
Wörter: *zuerst – dann – danach – zum Schluss.*

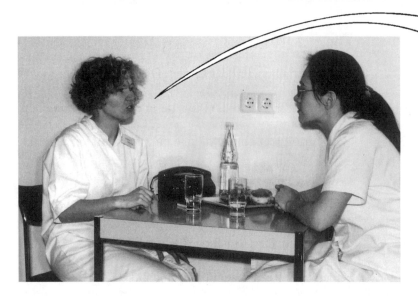

Zuerst haben
die OP-Schwestern
den Patienten auf den
OP-Tisch gelegt.
Dann ...

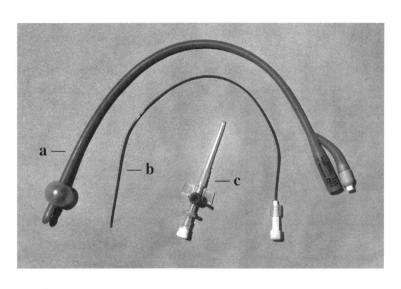

a = der Dauerkatheter (-)/der Blasen-
     verweilkatheter (-)
b = der Zentrale Venenkatheter (-)
c = die Braunüle®(-n)/die Viggo®(-s)

B 6

das Hämoglobin   per os   subkutan

der Zentrale Venenkatheter (-)

das Milligramm (-)

die Magensonde (-n)   intramuskulär

intravenös   das Elektrokardiogramm (-e)

der Dauerkatheter (-)/der Blasenverweilkatheter (-)

Hämatokrit

der Milliliter (-)

Ordnen Sie bitte die Wörter aus dem Schüttel-kasten den Abkürzungen in der Tabelle zu.

Abkürzung:	ausgeschriebenes Wort
ZVK	*der Zentrale Venenkatheter (-)*
DK/BVK	
sc.	
MS	
EKG	
p. o.	
mg	
ml	
Hb	
Hkt	
i. m.	
i. v.	

Die Schwestern von der Intensivstation holen Herrn Meyer aus dem OP ab. Der Anästhesist gibt den Schwestern eine Übergabe.

Anästhesist: Dies ist das Anästhesieprotokoll für den Stationsarzt. Geben Sie es ihm, bitte! Der Chirurg hat bei Herrn Meyer den oberen Teil der rechten Lunge entfernt. Er hat ihm eine Thoraxdrainage gelegt. Außerdem hat Herr Meyer einen ZVK, eine Magensonde, einen DK und eine Braunüle® am rechten Arm. Lassen Sie ihm bitte sofort einen Röntgen-Thorax machen. Dann geben Sie ihm die Medikamente und Infusion nach Plan und achten Sie bitte auf die Urinausscheidung.

5 Dann habe ich dem Patienten vor 10 Minuten

schon eine halbe Ampulle Dolantin® gespritzt. Bei Schmerzen kann er noch eine halbe bekommen. Geben Sie sie ihm dann bitte i. m.. Und messen Sie bitte alle 15 Minuten dem Patienten den

20 Blutdruck. Die Blutwerte müssen um 18 Uhr kontrolliert werden. Fragen Sie bitte im Labor nach den Ergebnissen. Dann rufen Sie mich bitte an und sagen Sie sie mir. Der Patient darf ab 20 Uhr trinken. Ansonsten ist nichts Besonderes.

25 **Schwester:** Gut, vielen Dank. Wir rufen Sie dann nachher an und sagen Ihnen die Blutwerte. Tschüss!

Die Schwestern bringen nun Herrn Meyer auf die Intensivstation und versorgen ihn dort.

B 7 Sehen Sie sich bitte die Verordnungen des Anästhesisten an die Station an
und suchen Sie die jeweiligen Informationen im Dialog auf Seite 109.
Kreuzen Sie an, ob jeweils die Eintragung a) oder b) den Informationen im Dialog entspricht.

		Name **Meyer, Hans**	Datum **12.4.**
☐	1 a)	RR, Puls und Atmung	**X** alle 15 Min. alle 30 Min.
☐	1 b)	RR, Puls und Atmung	alle 15 Min. **X** alle 30 Min.
☐	2 a)	Röntgen-Thorax <u>sofort</u>, ~~nachmittags, morgen früh~~	
☐	2 b)	Röntgen-Thorax ~~sofort, nachmittags~~, <u>morgen früh</u>	
☐	3 a)	Laboruntersuchungen: Hgb, Hkt sofort und um **15** Uhr	
☐	3 b)	Laboruntersuchungen: Hgb, Hkt ~~sofort und~~ um **18** Uhr	
☐	4 a)	Antibiotika: **keine**	
☐	4 b)	Antibiotika: **3 x 2 g Stapenor**	
☐	5 a)	Analgetika: **½ Amp. Dipidolor**	
☐	5 b)	Analgetika: **½ Amp. Dolantin**	
☐	6 a)	Trinken erlaubt, falls genügend wach ab **sofort** ~~Uhr~~	
☐	6 b)	Trinken erlaubt, falls genügend wach ab **20** Uhr	
☐	7 a)	Medikamente: **keine**	
☐	7 b)	Medikamente: **nach Plan**	
☐	8 a)	Infusion: **1.000 ml Ringer Lactat**	
☐	8 b)	Infusion: **nach Plan**	
☐	9 a)	Besonders beachten: **bitte auf die Urinausscheidung achten**	
☐	9 b)	Besonders beachten: ——	

B 8 📼 Sie hören eine Übergabe vom Anästhesisten über einen anderen Patienten.
Füllen Sie bitte das Formular aus.

	Name	Datum
	Verordnungen an die Station	
1.	RR, Puls und Atmung alle 15 Min., alle 30 Min.	
2.	Röntgen-Thorax sofort, nachmittags, morgen früh	
3.	Laboruntersuchungen: Hgb, Hkt sofort und um Uhr	
4.	Antibiotika:	
5.	Analgetika:	
6.	Trinken erlaubt, falls genügend wach ab Uhr	
7.	Medikamente:	
8.	Infusion:	
9.	Besonders beachten:	

B 9 Geben Sie bitte die Informationen mithilfe des ausgefüllten Formulars an Ihre Mitschüler weiter.

B 10 Hier sehen Sie den Überwachungsbogen, den die Schwestern auf der Station anlegen. Schauen Sie ihn sich genau an und machen Sie bitte dann die nächste Übung.

Datum: 12.4.94	Name: Meyer, Hans				Überwachungsbogen	Einfuhr		Ausfuhr		
Sr.	Zeit	RR	Puls	Temp.	Medikamente/Infusionen – Sonstiges	oral	parenteral	MS	Drainagen	DK
MF	15⁰⁰	115/90	84	6 7	aus OP übernommen		500 ml			
"	15¹⁵	110/90	84							
"	15³⁰	110/90	84							
"	15⁴⁰	110/85	84							
"	16⁰⁰	110/80	88						300 ml	500 ml
"	16³⁰	120/85	92		½ Amp. Dolantin i.m.					
"	16⁴⁵	115/90	84							
"	17³⁰	100/80	80							
"	18¹⁰	100/80	80		1 Ringer Lactat Laborkontrolle		500 ml			

B 11 📼 Sie hören die Werte eines anderen Patienten. Füllen Sie bitte den Überwachungsbogen aus.

Datum:	Name:				Überwachungsbogen	Einfuhr		Ausfuhr		
Sr.	Zeit	RR	Puls	Temp.	Medikamente/Infusionen – Sonstiges	oral	parenteral	MS	Drainagen	DK

B 12 GR Positionen im Hauptsatz: Ergänzen Sie bitte die Satzteile aus dem Schüttelkasten in der Tabelle. Achten Sie auf die richtige Satzstellung.

den oberen Teil der Lunge *dem Patienten* *der Chirurg* *bei Herrn Müller*	
dem Arzt *die Schwester* *eine halbe Ampulle Dolantin®* *ich* *die Blutwerte*	

	1. Nominativergänzung	2. Verb	3. Dativergänzung	4. Akkusativergänzung	5. Verb
1.	Der Anästhesist	gibt	den Schwestern	eine Übergabe.	
2.		hat			entfernt.
3.		habe			gespritzt.
4.		sagt			

Ergänzen Sie nun bitte die Regel!

Gibt es in einem Satz neben der Nominativergänzung eine Dativ- und eine Akkusativergänzung (Nomen), steht die _____-ergänzung **vor** der _____-ergänzung.

	1. Nominativergänzung	2. Verb	3. Dativergänzung	4. Akkusativergänzung	5. Verb
1.	Er	hat	ihnen (Pronomen)	die Unterlagen	gegeben.

	1. Nominativergänzung	2. Verb	3. Akkusativergänzung	4. Dativergänzung	5. Verb
1.	Der Anästhesist	übergibt	ihn (Pronomen)	den Schwestern.	

Ergänzen Sie bitte wieder die Regel!

Eine Pronomenergänzung – egal ob im Dativ oder im Akkusativ – steht immer

_____ einer Dativ- oder Akkusativergänzung (Nomen).

Ordnen Sie folgende Satzteile und formulieren Sie den Satz.

eine halbe Ampulle Dolantin® – der Anästhesist – der Patientin – gibt

Ersetzen wir die Dativergänzung und die Akkusativergänzung durch Pronomen, ergibt sich folgender Satz:

Der Anästhesist gibt **sie ihr.**

Akkusativ   Dativ

Ergänzen Sie bitte wieder die Regel!

Das Personalpronomen im Akkusativ steht immer _____ dem Personalpronomen im Dativ!

B 13 Vervollständigen Sie bitte die Sätze mit Elementen aus den beiden Schüttelkästen.

die Patientin (-nen) Frau Schlüter der Arzt (-̈e) der Patient (-en) der Pfleger (-)	die Unterlagen (Pl.) ein Stück vom Dickdarm ein ZVK (-s) das Narkoseprotokoll (-e) der Blutdruck (Sg.)

1. Die Schwester bringt _____

2. Der Pfleger misst _____

3. Der Anästhesist gibt _____

4. Der Chirurg entfernt _____

5. Die Ärztin legt _____

B 14 👥 **Sprechen Sie bitte die folgenden Kurzdialoge mit Ihrem Nachbarn.**
In der Frage muss das Partizip II des Verbs ergänzt werden. In der Antwort sollen die
Ergänzungen (Nomen) durch Pronomen ersetzt werden.

① Hast du Frau Yildiz schon das OP-Hemd _____ (anziehen) ?

    ❷ Ja, _____

② Hast du Herrn Neumann schon die Praemedikationsspritze _____ (geben) ?

    ❶ Ja, _____

① Hast du dem Doktor schon die Werte _____ (sagen) ?

    ❷ Ja, _____

② Hast du der neuen Patientin schon das Insulin _____ (geben) ?

    ❶ Ja, _____

① Hast du der Ärztin schon den Bericht _____ (bringen) ?

    ❷ Ja, _____

② Hast du Frau Sorge schon den Fön _____ (geben) ?

    ❶ Ja, _____

① Hast du Herrn Lage schon die Antithrombosestrümpfe _____ (holen) ?

    ❷ Ja, _____

② Hast du der Patientin in der 8 schon die Infusion _____ (anhängen) ?

    ❶ Ja, _____

v 1 Bei folgenden Wörtern fehlt jeweils das zweite Element. Suchen Sie bitte die kompletten Wörter in Lektion acht. Wie heißen die medizinischen Fachwörter?

die Luft _____   _____

das Rippen _____   _____

die Hauptschlag _____   _____

das Brust _____   _____

der Brust _____   _____

das Lungen _____   _____

v 2 Schreiben Sie bitte fünf Instrumente aus Lektion acht mit dem jeweiligen Artikel und der Pluralendung auf.

_____

_____

_____

_____

v 3 Schreiben Sie bitte fünf Nomen mit ihren Artikeln auf, die mit dem Element *OP* anfangen.

_____

_____

_____

_____

v 4 Setzen Sie bitte bei diesen Ausdrücken aus Lektion acht die Elemente *aus-*, *ein-*, *auf-* oder *an-* ein.

die Infusion _____ hängen

die Narkose _____ leiten

die Narkose _____ leiten

das Licht _____ stellen

die Instrumente _____ reichen

die Drainage _____ legen

den Thorax _____ schneiden

v 5 Welche Personen sind an der Operation beteiligt? Schreiben Sie bitte auch die Artikel und Pluralendungen auf.

_____

_____

_____

_____

v 6 Schreiben Sie bitte das Fachwort und das deutsche Synonym für fünf Krankheiten auf.

_____   _____

_____   _____

_____   _____

A 1 Sie sehen hier Abbildungen vom menschlichen Körper.
Ordnen Sie bitte die Zahlen zu. Viele Wörter kennen Sie sicher schon,
sonst schauen Sie in Ihrem Wörterbuch nach.

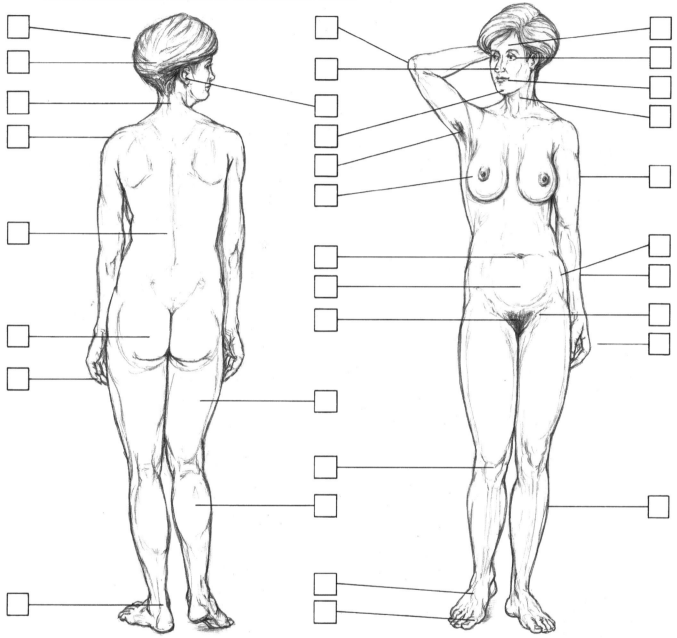

1	der Kopf (¨e)	9	der Hals (¨e)	17	die Hüfte (-n)	25	der Po (-s) / das Gesäß (-e)
2	das Haar (-e)	10	der Nacken (-)	18	die Leiste (-n)	26	der Oberschenkel (-)
3	die Stirn (-en)	11	die Schulter (-n)	19	der Genitalbereich (-)	27	das Knie (-)
4	das Auge (-n)	12	der Rücken (-)	20	der Oberarm (-e)	28	der Unterschenkel (-)
5	die Nase (-n)	13	die Achsel (-n)	21	der Ellbogen (-)	29	die Wade (-n)
6	der Mund (¨er)	14	die Brust (¨e)	22	der Unterarm (-e)	30	die Ferse (-n)
7	das Ohr (-en)	15	der Bauchnabel (-)	23	die Hand (¨e)	31	der Fuß (¨e)
8	das Kinn (-e)	16	der Bauch (¨e)	24	der Finger (-)	32	die Zehe (-n) / der Zeh (-en)

Waschen im Bett

1 *Schwester Marion geht zu Herrn Möller. Herr Möller darf nicht aufstehen und kann sich nicht alleine waschen. Schwester Marion bringt eine Waschschüssel und eine Nierenschale mit. Die anderen Utensilien*
5 *hat Herr Möller im Zimmer.*

S. Marion: Guten Morgen, Herr Möller.

Herr Möller: Guten Morgen, Schwester.

S. Marion: Ich wasche Sie **jetzt**. Wie geht es Ihnen?

Herr Möller: Mir geht es **heute** nicht so gut. Ich
10 habe Kopfschmerzen und Rückenschmerzen. Der Arzt hat **gestern** gesagt, dass ich bei Kopfschmerzen eine Tablette bekommen kann.

S. Marion: Ich hole sie Ihnen **gleich**. Herr Möller, wo sind denn Ihre Waschlappen und Handtücher?

15 **Herr Möller:** **Rechts** neben dem Regal, und meine Seife ist da **links** auf dem Waschbecken. Das Zahnputzzeug ist **oben** auf dem Regal.

S. Marion: Haben Sie auch einen frischen Schlafanzug?

20 **Herr Möller:** Ja, der muss im Schrank sein. Meine Tochter legt die frische Wäsche immer **oben** rein, **unten** liegt die schmutzige.

S. Marion: Gut, dann können wir ja anfangen. Das Wasser ist warm, ist das O. K.?

25 **Herr Möller:** Ja, es darf nur nicht zu heiß sein, das ist mir immer unangenehm.

S. Marion: Herr Möller, putzen Sie sich **zuerst** die Zähne?

Herr Möller: Ja, das mache ich.

30 **S. Marion:** **Hier** haben Sie Ihr Zahnputzzeug und die Nierenschale zum Ausspucken. Ich stelle Ihnen das Kopfteil hoch, dann geht es besser. Waschen Sie sich **danach** das Gesicht, die Arme, die Brust und den Bauch selbst? Wenn Sie fertig
35 sind, helfe ich Ihnen weiter. Ich komme **sofort** wieder. Ich sehe kurz nach einer anderen Patientin. Haben Sie alles?

Herr Möller: Ja. Denken Sie dann bitte an meine Tablette? Und können Sie mir auch eine neue
40 Flasche Wasser mitbringen?

S. Marion: Ja, das mache ich. Bis **gleich**.
Als Schwester Marion wiederkommt, ist Herr Möller gerade fertig.

S. Marion: So, Herr Möller, hier ist Ihre Tablette.
45 Nehmen Sie die bitte mit einem Schluck Wasser.
Herr Möller nimmt die Tablette. Dann wäscht Schwester Marion ihn weiter.

S. Marion: Ich mache **jetzt** mal das Kopfteil runter. Drehen Sie sich bitte auf die Seite, ich wasche
50 Ihnen den Rücken. **Danach** müssen Sie bitte ein

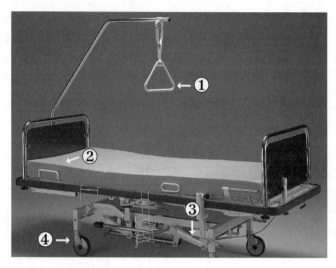

① der Galgen (-) / der Bettbügel (-)
② das Kopfteil (-e)
③ die Bremse (-n)
④ das Rad (⸚er)

paarmal tief durch die Nase ein- und durch den Mund ausatmen, dann klopfe ich Ihnen den Rücken ab, damit sich der Schleim löst und Sie ihn abhusten können. Das machen wir, damit Sie
55 keine Lungenentzündung bekommen.

Herr Möller: Ja, das ist wichtig. Meine Mutter hatte **früher** mal eine Lungenentzündung, als sie lange krank war.

S. Marion: Mit dem Rücken bin ich fertig. Legen
60 Sie sich **jetzt** bitte wieder auf den Rücken?
Schwester Marion wäscht Herrn Möller nun den Genitalbereich und den Po. Dann zieht sie ihm die Antithrombosestrümpfe aus, wäscht ihm die Beine und die Füße und zieht ihm frische Antithrombosestrümpfe
65 *an.*

S. Marion: Ich mache Ihnen **jetzt** das Kopfteil wieder hoch. So **jetzt** atmen Sie bitte tief ein und aus, wie ich Ihnen das eben erklärt habe. **Nun** klopfe ich Sie ab. Versuchen Sie **jetzt** bitte gut abzuhu-
70 sten. Prima, das haben Sie sehr gut gemacht. Dann können Sie sich Ihren Schlafanzug anziehen, der liegt hier. Und dann können Sie sich noch kämmen. Haben Sie Ihre Kulturtasche hier?

Herr Möller: Ja, die ist **hier** im Nachtschrank.

75 *Herr Möller zieht den Schlafanzug an und kämmt sich. Schwester Marion räumt die Waschutensilien weg.*

S. Marion: Ich hole **jetzt** Schwester Jasmina. Dann machen wir noch Ihr Bett, O. K.?

80 **Herr Möller:** Ja, vielen Dank für Ihre Hilfe.

S. Marion: Bitte, dann bis **gleich**!

A 2 Raum- und Zeitadverbien
Die fett gedruckten Wörter im Dialog auf Seite 116 heißen Adverbien. Sie beziehen
sich entweder auf die Zeit oder auf den Raum. Sortieren Sie bitte alle Adverbien,
die im Dialog vorkommen, in die Tabelle ein.

Raumadverbien	Zeitadverbien
hinten	
vorn	
	morgen

A 3 Ordnen Sie bitte die passenden Raumadverbien dem Foto zu.

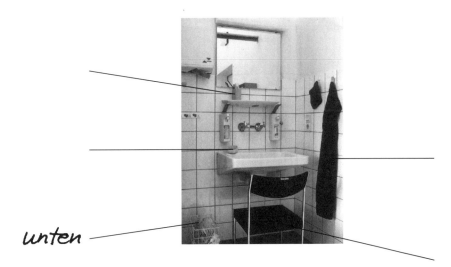

unten

A 4 Ordnen Sie bitte die Zeitadverbien der „Zeitschiene" zu.

morgen

früher

jetzt

A 5 Wie ist die richtige Reihenfolge der Fotos?
Schreiben Sie bitte die Nummern 1 – 3 unter die Fotos und jeweils einen passenden
Satz aus dem Dialog (S. 116) in die Sprechblasen.

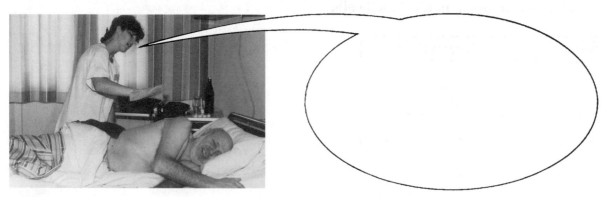

Nr. _____

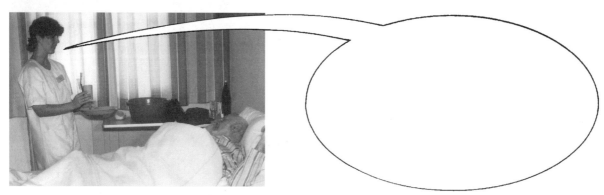

Nr. _____

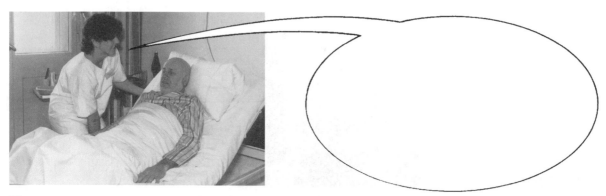

Nr. _____

A 6 Wo passiert im Text Seite 116 das, was in den folgenden fünf Sätzen steht?
Notieren Sie bitte die Zeile.

1. Schwester Marion fragt nach Herrn Möllers Waschlappen und Handtüchern.   Zeile: _____

2. Schwester Marion informiert Herrn Möller über die prophylaktische Maßnahme.   Zeile: _____

3. Herr Möller erinnert Schwester Marion an die Kopfschmerztablette.   Zeile: _____

4. Herr Möller dankt für die Hilfe.   Zeile: _____

5. Herr Möller bittet um eine neue Flasche Wasser.   Zeile: _____

A 7 Unterstreichen Sie bitte in A 6 die Verben und die dazugehörigen Präpositionen.
Notieren Sie dann die Verben in ihrer Infinitivform mit den passenden Präpositionen.
Sehen Sie sich die Ergänzungen nach den Präpositionen an, und entscheiden Sie,
welcher Kasus (Dativ oder Akkusativ) folgen muss.

1. *fragen nach + Dativ*   4. _____

2. _____   5. _____

3. _____

A 8 Verben mit fester Präposition
Anders als die Präpositionen in Lektion 4 gehören die Präpositionen oben fest zu den
Verben. Sie werden deshalb auch Verben mit fester Präposition genannt.
Sie haben dann nicht mehr ihre ursprüngliche Bedeutung.
Vergleichen Sie:

Präposition

Verb mit fester Präposition

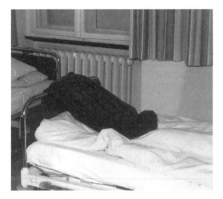

Der Bademantel hängt **über** dem Bett.

Die Broschüre **informiert über** die Diabetesdiät.

> Verben, die eine feste Präposition haben, lernen Sie am besten immer komplett:
> **Verb + Präposition + Dativ / Akkusativ!**

A 9 Vervollständigen Sie bitte die Verben mit fester Präposition aus Kasten A
mit einer Ergänzung aus Kasten B und bilden Sie Sätze.

A

B

A
sich erholen von +D   *erinnern an* +A
sterben an +D *bitten um* +A *anfangen mit* +D
informieren über +A   *fragen nach* +D
sich freuen auf +A
danken für +A
sich interessieren für +A   *sich kümmern um* +A

B
die Untersuchung   Sport   das Glas Wasser
der Befund   die Operation   die Entlassung
eine Lungenentzündung   die neue Patientin
die Hilfe   das Bettenmachen   der Röntgentermin

Der Patient dankt für das Glas Wasser.

A 10 GR Wortbildung

Die zusammengesetzten Nomen im Schüttelkasten bestehen jeweils aus zwei
Teilen. Das erste Nomen ist das Bestimmungswort, das zweite das Grundwort.
Machen Sie bitte zwischen Bestimmungs- und Grundwort einen Strich.

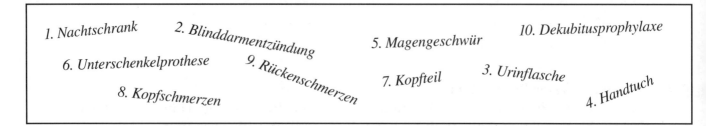

1. Nachtschrank   2. Blinddarmentzündung   5. Magengeschwür   10. Dekubitusprophylaxe

6. Unterschenkelprothese   9. Rückenschmerzen   7. Kopfteil   3. Urinflasche

8. Kopfschmerzen   4. Handtuch

Der, die oder das? Der Gebrauch des Artikels:

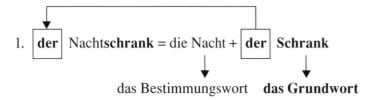

1. **der** Nacht**schrank** = die Nacht + **der** Schrank

das Bestimmungswort   **das Grundwort**

Ergänzen Sie bitte die Regel.

> Der Artikel eines zusammengesetzten Nomens
>
> entspricht immer dem Artikel des _____-worts!

A 11 Bestimmen Sie bitte jetzt die Artikel der restlichen Wörter aus dem
Schüttelkasten oben.

2. *die* Blinddarm**entzündung** = *der* Blinddarm + *die* Entzündung

3. _____ Urin**flasche** = _____ _____ + _____ _____

4. _____ Hand**tuch** = _____ _____ + _____ _____

5. _____ Magen**geschwür** = _____ _____ + _____ _____

6. _____ Unterschenkel**prothese** = _____ _____ + _____ _____

7. _____ Kopf**teil** = _____ _____ + _____ _____

8. _____ Kopf**schmerzen** = _____ _____ + _____ _____ (Pl.)

9. _____ Rücken**schmerzen** = _____ _____ + _____ _____ (Pl.)

10. _____ Dekubitus**prophylaxe** = _____ _____ + _____ _____

A 12 Bilden Sie bitte neue Wörter. Suchen Sie zuerst die Grund- und Bestimmungswörter mit ihren Artikeln.

1. _der_ _Mund_ + _das_ _Wasser_ = _das Mundwasser_

2. _____ _____ + _____ _____ = _____ _____

3. _____ _____ + _____ _____ = _____ _____

4. _____ _____ + _____ _____ = _____ _____

5. _____ _____ + _____ _____ = _____ _____

6. _____ _____ + _____ _____ = _____ _____

7. _____ _____ + _____ _____ = _____ _____

8. _____ _____ + _____ _____ = _____ _____

B 1 Suchen Sie bitte in der Grafik die zusammengesetzten Nomen und bestimmen Sie
ihre Grundelemente.

Gesundheitszustand
der Deutschen
Umfrageergebnis 1992 über
die häufigsten Beschwerden
in %

West   **Ost**

33	Kopfschmerzen	
	Schlafstörungen	35
	Rückenschmerzen	
	Ermüdung	
	Nervosität	
	Magen-, Darmbeschwerden	
	Rheumatische Beschwerden	
	Schwindelgefühle	
	Herzbeschwerden	

Quelle: Allensbach ———— 92 11 21 ©imu

die Kopfschmerzen → der Kopf + die Schmerzen

B 2 Hören Sie sich bitte die Beschreibung
der Grafik an und tragen Sie die Zahlen ein.

B 3 Was sagt ein Patient, der diese Beschwerden hat?
Tragen Sie bitte die Sätze in die Tabelle ein.

Ich habe so starkes Rheuma. *Ich bin immer nervös.* *Ich schlafe immer so schlecht.*
Mir ist schwindelig. *Ich habe oft Magenschmerzen.* *Ich fühle mich immer so müde.*
Ich habe Rückenschmerzen.
Ich leide unter Herzbeschwerden. *Mir tut der Kopf weh.*

Beschwerden:	der Patient sagt:
Kopfschmerzen	
Schlafstörungen	
Rückenschmerzen	
Ermüdung	
Nervosität	
Magen-, Darmbeschwerden	
Rheumatische Beschwerden	
Schwindelgefühle	
Herzbeschwerden	

B 4 [👥] Zwei Kursteilnehmer sitzen einander gegenüber. Ein Kursteilnehmer schlägt Seite 123 auf, der andere Seite 124.
Sie kommen in ein Patientenzimmer und möchten eine bestimmte Maßnahme beim Patienten durchführen. Fragen Sie ihn nach seinem Befinden und informieren Sie ihn über die geplanten Maßnahmen. Ihre Informationen stehen in der Tabelle. Spielen Sie bitte den Dialog. Zuerst sind Sie der Patient, danach Ihr Partner usw.

Beispiel:

B: Guten Tag, Frau Meyer. Wie geht es Ihnen?

oder: Wie fühlen Sie sich?

       Haben Sie Schmerzen?

A: Mir geht es gut.

oder: Ich fühle mich gut.

       Nein, mir geht es gut.

B: Ich möchte Ihnen den Blutdruck messen.

       Machen Sie bitte den Ärmel hoch?

A

S./Pfl.	Patient	Befinden	Maßnahme	Aufforderung
Pfl. Jörg	Frau Meyer	gut		
S. Simone	Herr Klein		Betten machen	aufstehen
S. Claudia	Frau Müser	mittelmäßig		
S. Britta	Herr Keller		Spritze geben	auf die Seite legen
S. Monika	Frau Burg	gut		
Pfl. Peter	Herr Martin		Beine rasieren	Schlafanzughose ausziehen
Pfl. Jens	Frau Schroers	sehr gut		
S. Anne	Frau Singer		Spritze in den Bauch geben	Bauch freimachen
S. Ruth	Frau Groß	Bauchschmerzen		
Pfl. Stefan	Herr Schönen		beim Waschen helfen	ans Waschbecken setzen

B 4 👥 Zwei Kursteilnehmer sitzen einander gegenüber. Ein Kursteilnehmer schlägt
Seite 123 auf, der andere Seite 124.
Sie kommen in ein Patientenzimmer und möchten eine bestimmte Maßnahme
beim Patienten durchführen. Fragen Sie ihn nach seinem Befinden und informieren
Sie ihn über die geplanten Maßnahmen. Ihre Informationen stehen in der Tabelle.
Spielen Sie bitte den Dialog. Zuerst ist Ihr Partner der Patient, danach Sie usw.

Beispiel:

B: Guten Tag, Frau Meyer. Wie geht es Ihnen?   A: Mir geht es gut.

oder: Wie fühlen Sie sich?   oder: Ich fühle mich gut.

        Haben Sie Schmerzen?   Nein, mir geht es gut.

B: Ich möchte Ihnen den Blutdruck messen.

        Machen Sie bitte den Ärmel hoch?

B

S./Pfl.	Patient	Befinden	Maßnahme	Aufforderung
Pfl. Jörg	Frau Meyer		Blutdruck messen	Ärmel hochmachen
S. Simone	Herr Klein	Kopfschmerzen		
S. Claudia	Frau Müser		Verband wechseln	ins Bett legen
S. Britta	Herr Keller	schlecht		
S. Monika	Frau Burg		Rücken waschen	auf die Seite legen
Pfl. Peter	Herr Martin	Halsschmerzen		
Pfl. Jens	Frau Schroers		zum Röntgen bringen	Bademantel und Pantoffeln anziehen
S. Anne	Frau Singer	Rückenschmerzen		
S. Ruth	Frau Groß		in den OP bringen	ins Bett legen
Pfl. Stefan	Herr Schönen	gut		

B 5 Überlegen Sie bitte in der Gruppe, wie Sie als Krankenschwester/-pfleger mit folgenden Patienten umgehen:

Patient A
– macht nicht richtig mit
– ist schläfrig und schwer zu aktivieren

Patient C
– ist sehr negativ
– schimpft über alles

Patient B
– ist sehr sensibel
– fängt schnell an zu weinen

Bilden Sie bitte Paare. Spielen Sie jeder einmal Krankenschwester und einmal einen der oben beschriebenen Patienten. Die Aufgabe der Krankenschwester ist, den Patienten im Bett zu waschen und zu versorgen.
Schauen Sie sich bitte vorher die Beobachtungskarte an, auf der die anderen Kursteilnehmer ihre Beobachtungen über das Verhalten der Krankenschwester dokumentieren.

Name:							
Er/sie geht auf die Probleme des Patienten ein:	gar nicht	☐	wenig	☐	gut	☐	sehr gut	☐
Er/sie aktiviert ihn zur Mitarbeit:	gar nicht	☐	wenig	☐	gut	☐	sehr gut	☐
Er/sie informiert ihn über die Maßnahmen:	gar nicht	☐	wenig	☐	meistens	☐	immer	☐
Er/sie spricht mit dem Patienten:	gar nicht	☐	wenig	☐	viel	☐	sehr viel	☐
Er/sie spricht mit dem Patienten:	zu leise	☐	gut	☐			zu laut	☐

Tauschen Sie bitte nach dem Rollenspiel Ihre Ergebnisse aus und überlegen Sie sich, wie man gegenüber dem Patienten das eine oder andere besser machen könnte.

v 1 Schreiben Sie bitte für folgende Adjektive aus Lektion neun das entsprechende Wort in Ihrer Muttersprache auf.

frisch _____

schmutzig _____

warm _____

heiß _____

unangenehm _____

nervös _____

schwindelig _____

müde _____

schläfrig _____

sensibel _____

v 2 Ergänzen Sie bitte von diesen Nomen jeweils das zweite Element, den Artikel und die Pluralendung. Wie heißen die Wörter in Ihrer Muttersprache?

_____ Wasch_____ _____

_____ Nieren_____ _____

_____ Zahnputz_____ _____

_____ Urin_____ _____

_____ Antithrombose_____ _____

v 3 Mit welchen Präpositionen können diese Verben aus Lektion neun stehen? Welcher Kasus folgt ihnen?

fragen _____

informieren _____

sich erholen _____

sterben _____

sich kümmern _____

v 4 Suchen Sie bitte Wörter für Beschwerden, die mit folgenden Elementen beginnen.

die Rücken_____

die Schlaf_____

die Herz_____

die Zahn_____

A 1 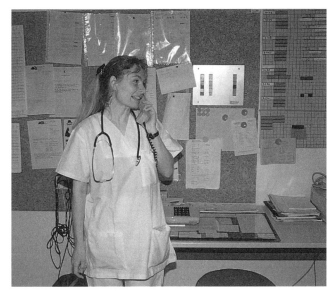 Sie hören gleich ein Telefongespräch zwischen Schwester Susanne und Frau Sennemann. Hören Sie beim ersten Hören bitte nur zu. Vervollständigen Sie dann beim zweiten Hören die Dialogskizze.

Schwester Susanne hat Frühdienst. Sie ist gerade im Schwesternzimmer, als das Telefon klingelt. Sie hebt den Hörer ab und meldet sich:

S. Susanne: C _____, Schwester Susanne.

Frau Sennemann: Hier Sennemann, _____

_____ Schwester Susanne.

S. Susanne: Entschuldigung, ich habe Ihren

_____ nicht ganz verstanden. Können Sie

ihn _____ _____ _____ wiederholen?

Frau Sennemann: Ja, Sennemann ist mein Name.

Ich bin die Schwiegertochter von _____

_____ in Zimmer _____ .

S. Susanne: Gut, dann _____ ich Bescheid.

Frau Sennemann: Ich _____ gerne wissen,

15 _____ es meiner Schwiegermutter geht. Sie

ist doch _____ operiert worden, oder?

S. Susanne: Ja. Es geht ihr den Umständen entspre-

chend _____ . Sie hat die Nacht gut _____

und hat eben ein _____ _____ .

20 **Frau Sennemann:** Was ist _____ genau

gemacht worden bei der _____ ?

S. Susanne: Das _____ ich Ihnen nicht sagen,

da müssen Sie direkt mit unserem _____

sprechen.

25 **Frau Sennemann:** Ist er denn heute _____ da?

S. Susanne: Ja, von 16 bis _____ Uhr ist er

wahrscheinlich in _____ _____ .

Frau Sennemann: Das ist gut, dann komme ich mit

meinem _____ .

30 **S. Susanne:** Ach, Frau Sennemann, können Sie dann

bitte Ihrer Schwiegermutter ihre _____ mit-

bringen? Sie möchte gern ein bisschen _____ .

Frau Sennemann: Ja, das _____ ich. Vielen

Dank, auf _____ !

35 **S. Susanne:** Auf _____ !

A 2 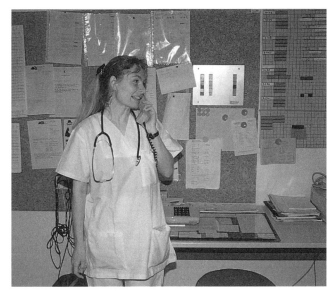 **Spiel**
Nehmen Sie sich jeder zwei Zettel und schreiben Sie bitte je ein Wort für einen Körperteil und je ein Wort für eine Krankheit auf die Zettel. Denken Sie bitte an den richtigen Artikel. Ein Kursteilnehmer sammelt alle Zettel ein, mischt sie, und jeder muss zwei Zettel ziehen. Nun liest jeder die Wörter von seinem Zettel vor und buchstabiert sie.

A 3 GR Possessivpronomen

Unterstreichen Sie bitte im Text alle Possessivpronomen. (Die Possessivpronomen im Nominativ finden Sie auf Seite 44.) Tragen Sie sie dann in die Tabellen unten ein (*).

Possessivpronomen im Akkusativ:

	Singular			Plural
	Maskulinum	Femininum	Neutrum	
1. Person	meinen	meine	mein	meine
2. Person	deinen *	deine Ihre	dein Ihr	deine Ihre
3. Person	seinen ihren seinen	seine * seine	sein ihr sein	seine ihre seine
1. Person	uns(e)ren	uns(e)re	unser	uns(e)re
2. Person	euren Ihren	eure Ihre	euer Ihr	eure Ihre
3. Person	ihren	ihre	ihr	ihre

Possessivpronomen im Dativ:

	Singular			Plural
	Maskulinum	Femininum	Neutrum	
1. Person	*	*	meinem	meinen
2. Person	deinem Ihrem	deiner *	deinem Ihrem	deinen Ihren
3. Person	seinem ihrem seinem	seiner ihrer seiner	seinem ihrem seinem	seinen ihren seinen
1. Person	*	uns(e)rer	uns(e)rem	uns(e)ren
2. Person	eurem Ihrem	eurer Ihrer	eurem Ihrem	euren Ihren
3. Person	ihrem	ihrer	ihrem	ihren

A 4 Ergänzen Sie bitte die Endungen der Possessivpronomen und Artikel.

1 **Stationshilfe:** Guten Morgen, Frau Sennemann. Ich bringe Wasser. Brauchen Sie ein___ neue Flasche?

Frau Sennemann: Guten Morgen. Ja, gerne! Mein___ Flasche ist schon wieder leer. Ich habe

5 heute so ein___ Durst. Gestern habe ich ja vor mein___ Operation nichts getrunken. Und können Sie vielleicht mein___ Sohn anrufen und fragen, wann er heute kommt?

Stationshilfe: Das ist nicht mehr nötig. Eben hat

10 Ihr___ Schwiegertochter angerufen. Sie kommt heute Nachmittag mit Ihr___ Sohn. Sie bringt dann auch Ihr___ Brille mit.

Frau Sennemann: Oh, das ist gut. Ohne mein___ Brille kann ich ja gar nicht lesen.

15 **Stationshilfe:** Haben Sie sonst noch ein___ Wunsch?

Frau Sennemann: Nein danke, ich glaube nicht. Ich möchte noch ein bisschen schlafen.

Stationshilfe: Ja, dann schlafen Sie gut.

A 5 Familienangehörige sind z. B.:
die Schwiegermutter (÷) und der Schwiegervater (÷),
die Schwiegertochter (÷) und der Schwiegersohn (÷e),
die Schwägerin (-nen) und der Schwager (-),
die Enkeltochter (÷) / die Enkelin (-nen) und der Enkelsohn (÷e) / der Enkel (-)

Wissen Sie, wer wer ist? Erklären Sie bitte die Bedeutungen nach folgendem Beispiel:

Meine Schwiegermutter ist die Mutter von meinem Mann / meiner Frau.
Mein Schwiegervater …

A 6 Im Schüttelkasten finden Sie einige Anfänge und Beendigungen von Telefongesprächen.
Ordnen Sie bitte die Redemittel in die Tabelle ein.

– Schulze, guten Tag.

– Tschüss und schönes Wochenende.

– Fischer.   – Tschüss!   Ja?

– Auf Wiederhören!

– Medica-Labor, mein Name ist Kramer, ich möchte gern Frau Dr. Specht sprechen.

– Guten Tag. Mein Name ist Schmidt vom Städtischen Gesundheitsamt. Ist Dr. Papadakis zu sprechen?

– M 5, Schwester Heike.

– Auf Wiedersehen!

– Hallo?

– Praxis Dr. Thomas, Meier-Ebinghausen, Guten Tag.

– Vielen Dank für Ihren Anruf, auf Wiedersehen!

– Meier, guten Tag, kann ich bitte Schwester Heike sprechen?

Gesprächsanfänge	Gesprächsbeendigungen
Schulze, guten Tag.	

A 7 Berichten Sie bitte, wie man in Ihrem Herkunftsland telefoniert. Wie meldet man sich?
Wie fragt man nach jemandem?

> Wenn Sie angerufen werden oder selbst irgendwo anrufen,
> **nennen Sie** bitte immer **die Station und Ihren Namen.**

A 8 Bringen Sie bitte die Dialogteile so in die richtige Reihenfolge, dass ein sinnvolles Telefongespräch entsteht.

Für heute, bitte.

Gut, um 12 Uhr.

Gut, vielen Dank. Ich schicke ihn gleich mit einer Schülerin runter. Und für morgen brauchen wir bitte noch einen Termin für ein CT.

Für wann?

Gut, das machen wir. Vielen Dank! Tschüss, Frau Hauser.

M 6, Schwester Maria, guten Morgen. Ich brauche bitte einen Termin für einen Röntgen-Thorax.

Röntgen, Hauser.

Ach so, natürlich 11 Uhr.

Tschüss!

Dann bringen Sie den Patienten am besten sofort.

Bringen Sie den Anmeldebogen bitte heute noch runter!

Nein, nicht 12 Uhr, sondern 11 Uhr.

Morgen um 11 Uhr habe ich noch einen Termin frei.

A 9 🏃 Hier ist noch einmal ein Telefonatspuzzle. Diesmal ein privates. Bauen Sie bitte wieder die einzelnen Teile zu einem Telefongespräch zusammen.

– Och, gut. Ich habe ja das Wochenende frei.

– Ach, komm doch mit! Der Film soll sehr gut sein. Und deine Prüfung schaffst du schon. Komm ruhig mal auf andere Gedanken! Und lernen kannst du am Sonntag immer noch. Also, was ist? Kommst du mit?

– Ja, kann ich machen. Ich komme so gegen sieben Uhr. O.K.?

– Nastase.

– Lust schon, aber ich habe in zwei Wochen meine Prüfung. Eigentlich muss ich lernen.

– Ja, das ist gut. Dann also bis morgen Abend. Tschüss und danke für deinen Anruf!

– Bis morgen Abend. Tschüss!

– Deswegen rufe ich ja an. Was machst du denn am Wochenende? Ich habe nämlich auch frei. Hast du Lust, Samstag Abend mit ins Kino zu kommen?

– Hm, ich weiß nicht. Aber du hast wohl Recht. Wenn es nicht so spät wird, komme ich mit. Kommst du vorher bei mir vorbei?

– Hallo Jasmina, hier ist Renate. Wie geht's dir?

A 10 Blutwerte

Einige Blutwerte und ihre Abkürzungen kennen Sie schon. Weitere sind:
Kalium (**K**), Natrium (**Na**) und Calcium (**Ca**).
Diese Wörter spricht man ganz aus, die Abkürzungen benutzt man nur beim Schreiben.
BZ, Thrombos und **Leukos** benutzt man dagegen auch beim Sprechen als Abkürzung für
Blutzucker, Thrombozyten und Leukozyten.

Tragen Sie bitte die Wörter für folgende Abkürzungen ein.

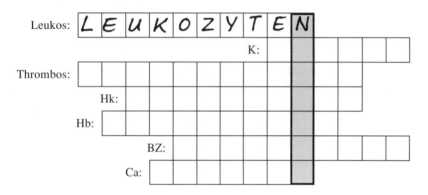

Leukos: L E U K O Z Y T E N
K:
Thrombos:
Hk:
Hb:
BZ:
Ca:

Wie heißt das Lösungswort?

1	K 3,5
2	Hb 12,5
3	Na 134
4	Ca 2,2
5	Hk 42
6	Thrombos 280 000
7	Leukos 6 000
8	BZ 120

	„Der Hb ist zwölf fünf."
	„Sechstausend Leukos."
	„Der Hämatokrit ist zweiundvierzig."
	„Der BZ ist einhundertzwanzig."
1	„Das Kalium ist drei fünf."
	„Das Natrium ist hundertvierunddreißig."
	„Calcium zwei zwei."
	„Zweihundertachtzigtausend Thrombos."

A 11 Ordnen Sie bitte
die notierten Werte links
jeweils der wörtlichen
Rede rechts zu.

A 12 Anruf im Labor
**Lesen Sie bitte mit verteilten Rollen
das Telefonat**

> Wenn Ihnen jemand Werte am Telefon durchgibt,
> **wiederholen** Sie immer die Werte beim Notieren!

1 **Herr Schmidt:** Labor, Schmidt. Guten Tag!
S. Christiane: C 2, Schwester Christiane. Guten Tag,
Herr Schmidt! Wir haben vor einer Stunde Blut
von Herrn Nixter runtergebracht. Können Sie mir
5 bitte die Werte durchgeben?
Herr Schmidt: Einen Moment, bitte! – So, da bin
ich. Nixter ist der Name des Patienten?
S. Christiane: Ja.
Herr Schmidt: Der Hb ist 10,4; Hk 32,4.
10 **S. Christiane:** Moment bitte, so schnell kann ich
nicht mitschreiben. Also Hb 10,4 und Hk 34,2.
Herr Schmidt: Nein, Hk 32,4.

S. Christiane: Hk 32,4.
Herr Schmidt: Ja, so stimmt's. Thrombos 300 000
15 und Leukos 17 000.
S. Christiane: 300 000 Thrombos; 17 000 Leukos.
Haben Sie auch die Elektrolyte?
Herr Schmidt: Ja, Kalium 5,1; Natrium 140.
S. Christiane: Kalium 5,1; Natrium 140 und Cal-
20 cium?
Herr Schmidt: Das Calcium ist 2,4.
S. Christiane: Calcium 2,4. Vielen Dank, auf Wie-
dersehen!
Herr Schmidt: Auf Wiedersehen!

A 13 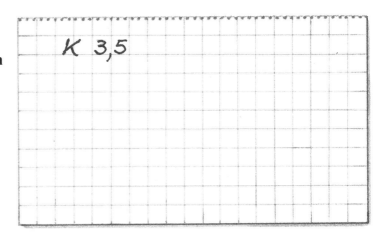 Nun hören Sie ein ähnliches Telefonat. Notieren Sie bitte die Werte. Danach lesen Sie Ihre Notizen vor und vergleichen Sie diese mit denen Ihrer Mitschüler.

K 3,5

A 14 Sie sind Pfleger Ulrich von C 4 und sollen in der Endoskopie anrufen, um einen Termin für eine Gastroskopie zu vereinbaren.
Im Telefondialog unten steht nur das, was Schwester Inge aus der Endoskopie sagt.
Übernehmen Sie bitte die Rolle von Pfleger Ulrich und vervollständigen Sie das Gespräch.

Schwester Inge:
Endoskopie, Schwester Inge, guten Tag.

Pfleger Ulrich:
_____

_____

_____

Hm, ich habe da einen Termin morgen früh um 8 Uhr, aber der Patient muss bitte pünktlich hier sein. Das ist sehr wichtig, denn wir haben morgen ein volles Programm.

_____

Wie heißt der Patient denn?

_____

Können Sie mir das bitte buchstabieren?

_____

Ach so, Jankowski, und welche Station war das?

_____

Gut, ich habe alles notiert. Also morgen früh um 8 Uhr, und denken Sie bitte an die Aufkleber!

_____

Tschüss!

A 15 Schwester Jasmina ruft im Sekretariat der Pflegedienstleitung an, um mit der Pflegedienstleitung Frau Riedel zu sprechen. Es meldet sich die Sekretärin Frau Zenker.

① Zenker, guten Tag?

❷ Schwester Jasmina von C 4. Guten Tag, Frau Zenker. Kann ich bitte mit Frau Riedel sprechen?

Es gibt mehrere Möglichkeiten, wie die Sekretärin antworten kann. Zum Beispiel:

a) – Tut mir Leid, Schwester Jasmina. Frau Riedel telefoniert gerade auf der anderen Leitung. Möchten Sie warten?

b) – Einen Moment, Schwester Jasmina, ich stelle durch.

c) – Tut mir Leid, Schwester Jasmina, aber Frau Riedel ist heute außer Haus. Kann ich Ihnen vielleicht helfen, oder soll ich etwas ausrichten?

d) – Oh, das ist im Moment schlecht. Frau Riedel ist nämlich gerade in einer Besprechung.

Schreiben Sie bitte die passende Antwort unter das jeweilige Bild.

○ _____
_____
_____
_____
_____

○ _____
_____
_____
_____
_____

○ _____
_____
_____
_____
_____

○ _____
_____
_____
_____
_____

Was könnte Schwester Jasmina Frau Zenker antworten?

● _____
_____
_____
_____
_____

● _____
_____
_____
_____
_____

● _____
_____
_____
_____
_____

● _____
_____
_____
_____
_____

A 16 Auf C 4 klingelt das Telefon. Der Anruf ist von Frau Schwarz. Sie ist die Tochter von einem Patienten. Pfleger Ulrich geht ans Telefon. Übernehmen Sie bitte seine Rolle und vervollständigen Sie das Gespräch.

Pfleger Ulrich: **Frau Schwarz:**

_____

_____   Äh, Schwarz, guten Tag. Ist da die Station C 4?

_____

_____   *Schwarz* ist mein Name und ich bin die Tochter von Herrn Becker in Zimmer 10.

_____

_____   Ich möchte gerne den Herrn Doktor sprechen.

_____

_____   Ach so, der ist nicht da. Dann können Sie mir ja vielleicht sagen, was bei meinem Vater gestern gemacht worden ist.

_____

_____   Ich verstehe ja, dass Sie mir das nicht sagen dürfen. Ich möchte ja auch mit dem Arzt sprechen, aber er ist so selten da. Wann ist er denn heute auf der Station?

_____

_____   Hm, das geht. Ich komme so um halb zwei, denn dann kann mich vielleicht meine Tochter fahren oder mein Sohn kommt mit. Vielen Dank und auf Wiederhören!

A 17 Nebenordnende Konjunktionen und ihre Bedeutungen

und = Aufzählung, Verbindung

> – Schwarz ist mein Name **und** ich bin die Tochter von Herrn Becker.

denn = Grund

> – Ich komme so um halb zwei, **denn** dann kann mich vielleicht meine Tochter fahren.

oder = Alternative

> – Dann kann mich vielleicht meine Tochter fahren, **oder** mein Sohn kommt mit.

aber = Gegensatz

> – Ich möchte ja auch mit dem Arzt sprechen, **aber** er ist so selten da.

> Die nebenordnenden Konjunktionen verbinden
> Satzteile oder ganze Sätze.
> Wenn sie ganze Sätze verbinden, stehen sie zwischen den Sätzen auf Position 0:

1.	2.	3.	0.	1.	2.	3.
Schwarz	ist	mein Name,	**und**	ich	bin	die Tochter von Herrn Becker.

A 18 Verbinden Sie bitte die folgenden Sätze mit *aber, denn, oder, und.*

1. – Ich heiße Jasmina.
   – Ich komme aus Rumänien. _____

2. – Möchtest du die Betten machen?
   – Möchtest du Frau Winter waschen? _____

3. – Ich möchte bitte mit dem Arzt sprechen.
   – Meine Mutter ist gestern operiert worden. _____

4. – Frau Winter liegt auf der Intensivstation.
   – Es geht ihr schon besser. _____

A 19 🏃 Partnerübung

Setzen Sie sich bitte mit Ihrem Partner Rücken an Rücken und spielen Sie folgende Telefonate.

1. Personen:

Schwester auf der Station, Schwester im EKG

Die Schwester von der Station ruft im EKG an. Sie braucht dringend einen Termin für ein EKG, weil der Patient Herzbeschwerden hat.

2. Personen:

Schwester auf der Station, Frau Hesse (eine Angehörige)

Frau Hesse ruft auf der Station an. Sie möchte den Stationsarzt sprechen, um Informationen über die Operation ihres Mannes zu bekommen. Der Stationsarzt ist aber im Moment im OP.

3. Personen:

Pfleger auf der Station, MTA im Labor

Der Pfleger ruft im Labor an, um folgende Werte von Frau Sennemann zu erfragen: Kalium, Natrium, Hb, Hk, Leukos, Thrombos. Die MTA gibt ihm die Werte durch.

4. Personen:

Schwester auf der Station, OP-Schwester

Die OP-Schwester informiert die Schwestern auf der Station, dass Herr Maier in den OP gebracht werden soll. Vorher muss er seine Prämedikation bekommen.

5. Personen:

Krankenpflegeschülerin auf der Station, Angestellte in der Küche

Die Krankenpflegeschülerin ruft in der Küche an. Sie muss für heute ein Diabetikeressen nachbestellen.

v 1 Schreiben Sie bitte mehrere Möglichkeiten auf:
Wie kann man sich am Telefon melden?

_____

_____

_____

_____

Wie kann man sich am Telefon verabschieden?

_____

_____

_____

_____

_____

Wie kann man am Telefon nach jemandem fragen?

_____

_____

_____

_____

_____

v 2 Schreiben Sie bitte Bezeichnungen für sechs Blutwerte und ihre Abkürzungen auf.

_____

_____

_____

_____

_____

_____

A 1 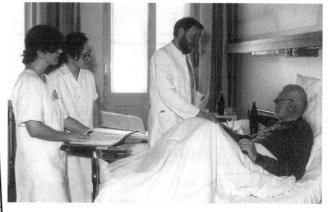 Dr. Ross und Schwester Marion gehen auf Visite. Hören Sie den Dialog zwischen ihnen und dem Patienten Herrn Möller. Schauen Sie sich bitte die dazugehörigen Eintragungen in der Kurve an.

Datum	Arzt	Anordnungen von Untersuchungen, Therapien und Eingriffen	Hz.
14.1.	R	EKG	
		2 stdl. [= stündlich]	
		RR + P	ℛ

durchgeführte Diagnostik / Konsile:

EKG

Datum	Arzt	Pflegemaßnahmen	Datum	Uhrz.	Hz.
14.1.	R	2 stdl. RR + P	14.1.	10°°	ℛ
				12°°	S

Datum	Uhrz.	Pflegebericht – Verlaufsbeschreibung Krankenbeobachtung	Hz.
14.1.	5°°	Pat. klagte über "Herzrasen": war tachykard, Arzt informiert	SM

A 2 Tragen Sie bitte in die Lücken die richtige Rubrik aus dem Schüttelkasten ein.

die durchgeführte Diagnostik / Konsile

die Anordnungen

der Pflegebericht

die Pflegemaßnahmen

Wichtige Informationen der vorhergehenden Schicht entnimmt die Schwester dem

_____. Der Arzt schreibt in den _____ Untersuchungen

etc., die gemacht werden sollen. Durchgeführte Untersuchungen trägt die Schwester in die Rubrik

_____ ein. Maßnahmen, die das Pflegepersonal regelmäßig ausführen muss, stehen

unter _____.

A 3 Was resultiert aus folgenden ärztlichen Anordnungen? Kreuzen Sie bitte an.

Ärztliche Anordnungen	Diagnostik / Konsile	Pflegemaßnahmen
morgen EKG	X	
3 × tgl. [= täglich] Fußbad		
2 stdl. Umlagern		
Donnerstag neurologisches Konsil		
heute Gastroskopie		
tgl. Beine wickeln		
3 × tgl. Temperaturkontrolle		
Mittwoch Abdomensono		
Pneumonieprophylaxe		
2 × tgl. Sitzbad		
heute Rö. - Thorax		
2 × tgl. VW [= Verbandwechsel]		

A 4 📼 Sie hören jetzt die Gespräche zwischen Dr. Ross, Schwester Marion und den übrigen drei Patienten im Zimmer. Vervollständigen Sie bitte die Eintragungen.

Herr Müller

		Pflegebericht – Verlaufsbeschreibung Krankenbeobachtung	Hz.
Datum	Uhrz.		
14.1.	6⁰⁰	Pat. konnte nicht schlafen, weil er Husten hatte	su

		Anordnungen von Untersuchungen, Therapien und Eingriffen	Hz.
Datum	Arzt		

		Pflegemaßnahmen	Datum	Uhrz.	Hz.
Datum	Arzt				

Herr Sons

Datum	Uhrz.	Pflegebericht – Verlaufsbeschreibung Krankenbeobachtung	Hz.
14.1.	6°°	Pat. war sehr unruhig, ist aus dem Bett gefallen, Arzt informiert	See

Datum	Arzt	Anordnungen von Untersuchungen, Therapien und Eingriffen	Hz.

durchgeführte Diagnostik / Konsile:

Herr Max

Datum	Uhrz.	Pflegebericht – Verlaufsbeschreibung Krankenbeobachtung	Hz.
14.1.	6°°	Pat. klagt über Unwohlsein, 8⁹ Temp., Arzt informiert	See

Datum	Arzt	Anordnungen von Untersuchungen, Therapien und Eingriffen	Hz.

Datum	Arzt	Pflegemaßnahmen	Datum	Uhrz.	Hz.

A 5 👥 Nach der Visite muss das Pflegepersonal nicht nur die Eintragungen und die Maßnahmen durchführen. Es muss auch telefonisch Termine für die vom Arzt angeordneten Untersuchungen vereinbaren.
Suchen Sie bitte die angeordneten Untersuchungen in A1, A3 und A4.
Nun führen Sie die Telefonate. Ein Kursteilnehmer ist die Schwester auf der Station, der andere arbeitet z. B. im Röntgen.

A 6 GR **Präteritum von *sein* und *haben***

Infinitiv ▶ ▼ Personalpronomen	sein	haben
ich	war	hatte
du Sie	warst waren	hattest hatten
er, sie, es	war	hatte
wir	waren	hatten
ihr Sie	wart waren	hattet hatten
sie	waren	hatten

Gegenwart: Herr Sons **ist** sehr unruhig und er **fällt** aus dem Bett.

Präsens   **Präsens**

Vergangenheit: Herr Sons **war** sehr unruhig und er **ist** aus dem Bett **gefallen.**

Präterium   **Perfekt**

A 7 **Bilden Sie bitte Sätze in der Vergangenheit.**

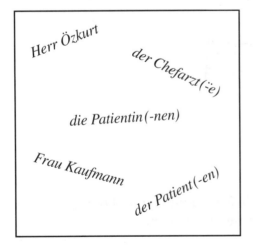

Herr Özkurt

der Chefarzt(-̈e)

die Patientin(-nen)

Frau Kaufmann

der Patient(-en)

beim Röntgen sein   Fieber haben   unruhig sein

Schmerzen haben   müde sein

Husten haben   keine Zeit haben

hohen Blutdruck haben   ruhig sein   Hunger haben

hier sein   krank sein   Durst haben   Besuch haben

B 1 Lesen Sie die Übergabe von Schwester Marion an den Spätdienst.
Schreiben Sie bitte die dazugehörigen Patientennamen über die Eintragungen.

S. Marion: Frau Schorn in der 10 wird gerade operiert.

S. Ingrid: Wann ist sie denn in den OP gekommen?

S. Marion: Um kurz nach 11.
Frau Schlüter wird im Moment geröntgt und Frau Müse im Bett daneben wird jetzt dreimal täglich verbunden.

S. Ingrid: Geht es ihr besser? Gestern Nachmittag hatte sie so starke Schmerzen.

S. Marion: Heute geht es ihr sehr viel besser. Sie ist auch nicht mehr so deprimiert.
Zimmer 12: Herr Max fühlt sich heute nicht gut, heute Morgen hatte er Fieber. Wir sollen bei ihm dreimal täglich die Temperatur kontrollieren.
Bei Herrn Möller wird gerade ein EKG geschrieben, weil er letzte Nacht Herzrasen hatte.
Herr Müller soll dreimal täglich inhalieren.
Herr Sons ist letzte Nacht aus dem Bett gefallen. Ihm ist eben der rechte Arm geröntgt worden, er ist gebrochen.

S. Susanne: Er ist nachts so verwirrt –

S. Marion: Ja, nachts soll er auch Bettgitter ans Bett bekommen.

Zimmer 14: Herrn Scheine haben wir heute am Waschbecken gewaschen. Er hat sehr gut mitgeholfen und soll weiter mobilisiert werden.
Herr Stein wird heute nach der Abschlussuntersuchung entlassen.
Zimmer 16: Herr Sauer hat sehr starke Schmerzen. Könnt Ihr bitte gleich Dr. Ross fragen, was er dagegen bekommen soll?

S. Susanne: Ja, das mache ich gleich nach der Übergabe.

S. Marion: Gut.
Herr Bergmann soll jeden Tag gewogen werden.
Herr Schlosser isst sehr schlecht. Wir müssen darauf achten, dass er mehr isst. Deshalb liegt auf seinem Nachtschrank ein Ernährungsprotokoll. Da müssen wir alles aufschreiben, was er isst und trinkt. Und wir sollen ihn fragen, was er essen möchte.

S. Susanne: Gut, das machen wir.

S. Marion: Ansonsten war nichts Besonderes.

Datum	Uhrz.	Hz.
14.1.	11³⁰	RS

Pflegemaßnahmen

Datum	Arzt		Hz.
14.1.	R	3 x tgl. VW	

Pflegebericht – Verlaufsbeschreibung Krankenbeobachtung

Datum	Uhrz.		
14.1.	12⁰⁰	Pat. geht es besser, nicht mehr so deprimiert	MM

durchgeführte Diagnostik/Konsile:

RÖ re Arm

Pflegebericht – Verlaufsbeschreibung Krankenbeobachtung

Datum	Uhrz.		Hz.
14.1.	12⁰⁰	heute am Waschbecken gewaschen, hat gut mitgeholfen, weiter Mobilisation	MM

Datum	Arzt		
14.1.	R	3 x tgl. Temp.kontrolle	

Pflegemaßnahmen

Datum	Uhrz.	Hz.
14.1.	11³⁰	RS

Anordnungen
von Untersuchungen, Therapien und Eingriffen

Datum	Arzt		Hz.
14.1.	R	tgl. Gewicht	MM

Datum	Uhrz.	Pflegebericht – Verlaufsbeschreibung Krankenbeobachtung	Hz.
14.1.	12⁰⁰	im OP	MM

Datum	Uhrz.	Pflegebericht – Verlaufsbeschreibung Krankenbeobachtung	Hz.
14.1.	12⁰⁰	starke Schmerzen, Arzt fragen, was er bekommen soll	

Datum	Uhrz.	Pflegebericht – Verlaufsbeschreibung Krankenbeobachtung	Hz.
14.1.	12⁰⁰	Pat. isst schlecht, Ernährungsprotokoll führen!	MM

Datum	Uhrz.	Pflegebericht – Verlaufsbeschreibung Krankenbeobachtung	Hz.
14.1.	12⁰⁰	Pat. nachts verwirrt, nachts Bettgitter	MM

B 2 Vergleichen Sie den Dialog und die Eintragungen.
Was sind <u>typische Merkmale von Eintragungen</u>? Kreuzen Sie bitte an.

viele Verben		wenige Verben	
knapp		ausführlich	
vollständige Sätze		unvollständige Sätze	
viele Abkürzungen		wenige Abkürzungen	

B 3 Ordnen Sie bitte die Sätze aus dem Schüttelkasten links der Aktivspalte und rechts der Passivspalte zu.

Die Stationsärztin entlässt Herrn Stein.   ~~Schwester Beate wiegt Herrn Bergmann.~~

Herr Stein wird entlassen.   Frau Müse wird dreimal täglich verbunden.   Der Chirurg operiert Frau Schorn.

Frau Schorn wird gerade operiert.   Frau Schlüter wird im Moment geröntgt.   ~~Herr Bergmann wird gewogen.~~

Schwester Helene verbindet Frau Müse.   Schwester Ilka schreibt bei Herrn Möller ein EKG.

Bei Herrn Möller wird ein EKG geschrieben.   Frau Hauser röntgt Frau Schlüter.

Schwester Beate wiegt Herrn Bergmann.

Im **Aktiv-Satz** ist wichtig, **wer** etwas macht.

Herr Bergmann wird gewogen.

Im **Passiv-Satz** ist wichtig, **was** gemacht wird.

B 4 [GR] **Passiv Präsens**

▼ Personalpronomen	werden + Partizip II	
ich	werde	
du Sie	wirst werden	
er, sie, es	*	gewaschen
wir	werden	
ihr Sie	werdet werden	
sie	werden	

**Suchen Sie bitte die fehlende Form (*)
im Übergabetext auf Seite 143.**

B 5 Was wird im Frühdienst gemacht? Beschreiben Sie bitte die Fotos.
Verwenden Sie dabei das Passiv.

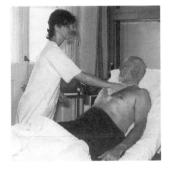 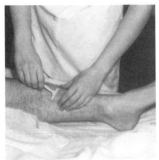 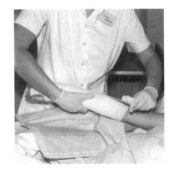 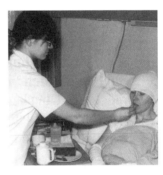

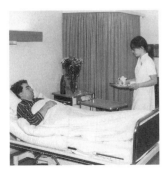  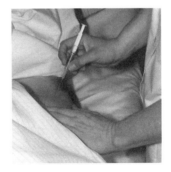 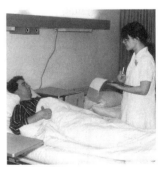

B 6 Beschreiben Sie bitte, wie ein Bett gemacht wird.
Verwenden Sie dabei wieder das Passiv.

B 7 📼 Sie arbeiten heute im Frühdienst. Er beginnt mit der Übergabe von
der Nachtschwester. Notieren Sie sich bitte die Patientennamen, Probleme und
Tätigkeiten, die bei den Patienten erledigt werden müssen.

B 8 👥 Partnerübung

Suchen Sie sich bitte zwei der im Hörtext vorgestellten Patienten aus, die Sie spielen
möchten. Überlegen Sie sich, wie der Patient sich mit seinem speziellen Problem verhält.
Ihr Partner spielt die Schwester. Sie muss die Tätigkeit an Ihnen durchführen.
Danach spielt Ihr Partner die anderen zwei Patienten und Sie spielen die Schwester.

B 9 Schreiben Sie bitte die Eintragungen zu den vier Patienten.

1.

		Pflegebericht – Verlaufsbeschreibung Krankenbeobachtung	Hz.
Datum	Uhrz.		

Datum	Arzt	Pflegemaßnahmen	Datum	Uhrz.	Hz.

2.

Datum	Uhrz.	Pflegebericht – Verlaufsbeschreibung / Krankenbeobachtung	Hz.

Datum	Arzt	Pflegemaßnahmen	Datum	Uhrz.	Hz.

3.

Datum	Uhrz.	Pflegebericht – Verlaufsbeschreibung / Krankenbeobachtung	Hz.

Datum	Arzt	Pflegemaßnahmen	Datum	Uhrz.	Hz.

4.

Datum	Uhrz.	Pflegebericht – Verlaufsbeschreibung / Krankenbeobachtung	Hz.

Datum	Arzt	Pflegemaßnahmen	Datum	Uhrz.	Hz.

B 10 Nun geben Sie bitte den anderen Kursteilnehmern, dem Spätdienst, mithilfe Ihrer Eintragungen eine Übergabe über Ihre Patienten.

v 1 Schreiben Sie bitte die in Lektion elf verwendeten Abkürzungen für folgende Wörter auf.

Wie heißen die Wörter in Ihrer Muttersprache?

der Blutdruck (Sg.) _____ _____

der Puls (-e) _____ _____

das Elektrokardiogramm (-e) _____ _____

der Verbandswechsel (-) _____ _____

täglich _____ _____

dreimal täglich _____ _____

der Patient (-en) _____ _____

die Temperatur (-en) _____ _____

v 2 Schreiben Sie bitte fünf Wörter für Untersuchungen aus Lektion elf und die Übersetzung in Ihre Muttersprache auf.

_____   _____

_____   _____

_____   _____

_____   _____

_____   _____

v 3 Wie heißt das Partizip II von folgenden Verben?

operieren _____

*kommen _____

röntgen _____

*verbinden _____

*waschen _____

mobilisieren _____

*entlassen _____

*wiegen _____

*brechen _____

v 4 Wie heißen die fehlenden Elemente dieser Wörter aus Lektion elf?

das Ernährungs _____

das Unwohl _____

der Pflege _____

das Herz _____

A 1 Der Beipackzettel

Schreiben Sie bitte die Überschriften 1–7 vom Beipackzettel zu den entsprechenden Erklärungen (A–G).

Lesen Sie die Texte sehr schnell, Sie haben maximal drei Minuten Zeit.

Begründen Sie Ihre Entscheidung im Plenum.

Gebrauchsinformation

ASPIRIN® 100
Wirkstoff: Acetylsalicylsäure

1 Zusammensetzung
1 Tablette enthält: 0,1 g Acetylsalicylsäure.

2 Anwendungsgebiete
Schmerzen, wie Kopf-, Zahn-, Muskel- oder Gelenkschmerzen, Schmerzen nach Verletzungen, Entzündungen, Fieber.
Hinweis:
ASPIRIN 100 soll jedoch bei Kindern und Jugendlichen mit fieberhaften Erkrankungen wegen des möglichen Auftretens eines Reye-Syndroms nur auf ärztliche Anweisung und nur dann angewandt werden, wenn andere Maßnahmen nicht wirken.
ASPIRIN 100 soll längere Zeit oder in höheren Dosen nicht ohne Befragen des Arztes angewandt werden.

3 Gegenanzeigen
ASPIRIN 100 darf nicht angewandt werden bei Magen- und Zwölffingerdarmgeschwüren oder bei krankhaft erhöhter Blutungsneigung.
ASPIRIN 100 sollte nur nach Befragen des Arztes angewandt werden bei gleichzeitiger Therapie mit gerinnungshemmenden Arzneimitteln (z.B. Cumarinderivate, Heparin), bei Glucose-6-Phosphatdehydrogenasemangel, bei Asthma oder bei Überempfindlichkeit gegen Salicylate, andere Entzündungshemmer/Antirheumatika oder andere allergene Stoffe, bei chronischen oder wiederkehrenden Magen- oder Zwölffingerdarmbeschwerden oder bei vorgeschädigter Niere, in der Schwangerschaft, insbesondere in den letzten drei Monaten.
Hinweis:
Patienten, die an Asthma, Heuschnupfen, Nasenschleimhautschwellung (Nasenpolypen) oder chronischen Atemwegsinfektionen (besonders gekoppelt mit heuschnupfenartigen Erscheinungen) leiden und Patienten mit Überempfindlichkeit gegen Schmerz- und Rheumamittel aller Art sind bei Anwendung von ASPIRIN 100 durch Asthmaanfälle gefährdet (sog. Analgetika-Intoleranz/Analgetika-Asthma). Sie sollten vor Anwendung den Arzt befragen. Das gleiche gilt für Patienten, die auch gegen andere Stoffe überempfindlich (allergisch) reagieren wie z.B. mit Hautreaktionen, Juckreiz oder Nesselfieber.
ASPIRIN 100 sollte bei Kindern und Jugendlichen mit fieberhaften Erkrankungen nur auf ärztliche Anweisung und nur dann angewandt werden, wenn andere Maßnahmen nicht wirken.
Sollte es bei diesen Erkrankungen zu lang anhaltendem Erbrechen kommen, so kann dies ein Zeichen des Reye-Syndroms, einer sehr seltenen, aber häufig lebensbedrohlichen Krankheit sein, die unbedingt sofortiger ärztlicher Behandlung bedarf.
Wird während längerer Anwendung von ASPIRIN 100 eine Schwangerschaft festgestellt, so ist der Arzt zu benachrichtigen. Bei regelmäßiger Anwendung hoher Dosen in der Stillzeit sollte ein frühzeitiges Abstillen erwogen werden.

4 Folgende Nebenwirkungen können auftreten:
Magenbeschwerden, Magen-Darm-Blutverluste; selten Überempfindlichkeitsreaktionen (Bronchospasmus, Hautreaktionen); sehr selten eine Verminderung der Blutplättchen (Thrombozytopenie).

Hinweis:
Bei häufiger und längerer Anwendung kann es in seltenen Fällen zu schweren Magenblutungen kommen. Bei Auftreten von schwarzem Stuhl (Teerstuhl) ist sofort der Arzt zu benachrichtigen. In Ausnahmefällen kann nach längerer Anwendung von ASPIRIN 100 eine Blutarmut durch verborgene Magen-Darm-Blutverluste auftreten. Schwindel und Ohrenklingen können besonders bei Kindern und älteren Patienten Symptome einer Überdosierung sein. In diesen Fällen ist der Arzt zu benachrichtigen. Bei Überschreitung der empfohlenen Dosierung können die Leberwerte (Transaminasen) ansteigen.

5 Wechselwirkungen mit anderen Mitteln
Erhöht werden
– die Wirkung gerinnungshemmender Arzneimittel (z.B. Cumarinderivate und Heparin)
– das Risiko einer Magen-Darm-Blutung bei gleichzeitiger Behandlung mit Kortikoiden
– die Wirkungen und unerwünschten Wirkungen aller nicht steroidalen Rheumamittel
– die Wirkung von blutzuckersenkenden Arzneimitteln (Sulfonylharnstoffen)
– die unerwünschten Wirkungen von Methotrexat.

Vermindert werden die Wirkungen von – Spironolacton
– Furosemid
– harnsäureausscheidenden Gichtmitteln.

ASPIRIN 100 sollte daher nicht zusammen mit einem der oben genannten Mittel angewandt werden, ohne daß der Arzt ausdrücklich die Anweisung gegeben hat.

6 Dosierung
Soweit nicht anders verordnet, wird bei Fieber und Schmerzen die Einzeldosis im allgemeinen dem Alter des Kindes angepaßt und, falls erforderlich, bis zu 3mal täglich gegeben:

Alter	Einzeldosis	
unter 2 Jahre	– nach ärztlicher Verordnung	Bei mehr als 3 Tabletten pro Einzeldosis empfiehlt sich die Anwendung von "ASPIRIN plus C"-Brausetabletten oder ASPIRIN-Tabletten.
2–3 Jahre	– 1 Tablette	
4–6 Jahre	– 2 Tabletten	
7–9 Jahre	– 3 Tabletten	

7 Art der Anwendung
Bei Kleinkindern empfiehlt es sich, die Tabletten in einem Teelöffel Flüssigkeit zerfallen zu lassen oder sie den Speisen beizumischen. Die Tabletten können auch gelutscht werden.

Hinweis:
ASPIRIN 100 soll nach Ablauf des angegebenen Verfallsdatums nicht mehr angewandt werden.

Arzneimittel für Kinder unzugänglich aufbewahren!

Bayer Leverkusen

677154/839/L653/F168b

Überschrift		Erklärung
Wechselwirkungen mit anderen Mitteln	**A**	Es kann zusammen mit anderen Medikamenten zu einer Veränderung der Wirkung führen.
	B	Es wird bei folgenden Krankheiten/Symptomen verabreicht (= Indikation):
	C	Es soll in folgender Menge eingenommen werden:
	D	Es kann zu folgenden unerwünschten Wirkungen kommen:
	E	Es ist zusammengesetzt aus folgenden Inhaltsstoffen:
	F	Es soll auf folgende Art und Weise eingenommen werden:
	G	Es darf bei folgenden Krankheiten nicht angewandt werden (= Kontraindikation):

A 2 Wie sehen Beipackzettel in Ihrem Land aus? Worin bestehen Unterschiede?

A 3 Sehen Sie sich bitte diesen Beipackzettel an und kreuzen Sie die richtigen Antworten an. Sie haben für diese Übung maximal vier Minuten Zeit.

Gebrauchsinformation

Dihydergot®
Wirkstoff: Dihydroergotaminmesilat

SANDOZ AG
8500 NÜRNBERG

Zusammensetzung
1 ml Tropflösung (20 Tropfen) enthält: 2,0 mg Dihydroergotaminmesilat

Anwendungsgebiete
Störungen der Kreislauffunktion infolge eines in Ruhe oder beim Aufstehen erniedrigten Blutdrucks (hypotone und orthostatische Kreislaufregulationsstörungen — konstitutionell bedingt, bei Infekten, in der Rekonvaleszenz) mit den typischen Anzeichen wie Schwarzwerden vor den Augen, Schwindel, Übelkeit, Kopfschmerzen, Morgenmüdigkeit, Abgeschlagenheit und Neigung zu Ohnmachten; Vorbeugung von Migräneanfällen (Migräne-Intervallbehandlung) und Behandlung von gefäßbedingten (vaskulären) Kopfschmerzen; Verstopfung infolge krankhafter Erweiterung des Dickdarms (Obstipation bei Megaorganen).

Gegenanzeigen
Gegenanzeigen sind Krankheiten oder Umstände, bei denen bestimmte Arzneimittel nicht oder nur nach sorgfältiger Prüfung durch den Arzt angewendet werden dürfen, da hier im allgemeinen der zu erwartende Nutzen in keinem günstigen Verhältnis zu einem möglichen Schaden steht. Damit der Arzt sorgfältig prüfen kann, ob Gegenanzeigen bestehen, muß er über Vorerkrankungen, Begleiterscheinungen, eine gleichzeitige andere Behandlung sowie über Ihre besonderen Lebensumstände und Gewohnheiten unterrichtet werden. Gegenanzeigen können auch erst nach Beginn der Behandlung mit diesem Arzneimittel auftreten oder bekannt werden.
Auch in solchen Fällen sollten Sie Ihren Arzt informieren.
Bei Überempfindlichkeit gegenüber Mutterkornalkaloiden und bei schweren Lebererkrankungen darf Dihydergot® nicht angewendet werden. Vorsicht ist geboten bei Angina pectoris, arteriellen Gefäßerkrankungen, schwerem Bluthochdruck sowie bei Patienten mit schweren Nierenerkrankungen, die nicht dialysiert werden.
In den ersten drei Schwangerschaftsmonaten darf Dihydergot® nicht eingenommen werden. Ab dem vierten Schwangerschaftsmonat darf Dihydergot® bei strenger Indikation nur im Einvernehmen mit dem behandelnden Arzt eingenommen werden.
Es ist nicht bekannt, ob Dihydroergotamin in die Muttermilch übertritt. Vorsorglich wird deshalb Dihydergot® für stillende Frauen nicht empfohlen.

Nebenwirkungen
Arzneimittel können neben den erwünschten Hauptwirkungen auch unerwünschte Wirkungen, sogenannte Nebenwirkungen, haben. Nebenwirkungen, die im Zusammenhang mit der Anwendung von dihydroergotaminhaltigen Arzneimitteln beobachtet wurden, jedoch nicht bei jedem Patienten auftreten müssen, werden im folgenden genannt.
Selten können Übelkeit, Erbrechen, Schwindelgefühl, Kopfschmerzen oder allergische Hautreaktionen (Hautödem, Hautjucken, Hautausschlag) auftreten. Bei ununterbrochener Anwendung von Dihydroergotamin, vorwiegend in hohen Dosen, über Jahre, wurden bei einzelnen Patienten krankhafte Bindegewebsveränderungen, insbesondere des Brustfells (Pleura), z.B. mit Hustenreiz, Atemnot, und des Raumes hinter dem rückenseitigen Bauchfell (Retroperitonealraum), z.B. mit Rückenschmerzen, Beschwerden beim Wasserlassen, beobachtet.
Warnhinweis: Bei zu langer und zu hoch dosierter Anwendung kann es bei individueller Überempfindlichkeit zu Taubheitsgefühl in den Fingern und Zehen oder Kältegefühl in Händen und Füßen sowie Muskelschmerzen in Armen und Beinen kommen. Das Präparat ist dann nach Rücksprache mit dem Arzt abzusetzen.

Wechselwirkungen mit anderen Mitteln
Die Wirkungen mancher Arzneimittel können durch gleichzeitige Anwendung anderer Mittel beeinflußt werden. Fragen Sie daher Ihren Arzt, wenn Sie andere Mittel ständig anwenden, bis vor kurzem angewendet haben oder gleichzeitig mit dem hier vorliegenden Arzneimittel anwenden wollen. Ihr Arzt kann Ihnen sagen, ob unter diesen Umständen mit Unverträglichkeiten zu rechnen ist oder ob besondere Maßnahmen, wie z.B. eine neue Dosisfestsetzung, erforderlich sind, wenn Sie dieses Arzneimittel anwenden.
Folgende Wechselwirkungen zwischen Dihydergot® und anderen Mitteln sind zu beachten:
Bei gleichzeitiger Anwendung von Dihydergot®
— mit Glyceroltrinitrat (Nitroglycerin) kann der Dihydroergotamin-Blutspiegel erhöht und damit die blutdrucksteigernde Wirkung von Dihydergot® verstärkt sein. Außerdem kann die Wirkung gefäßerweiternder Mittel (Vasodilatatoren) wie Nitrate oder Calciumantagonisten vermindert werden.
— mit Troleandomycin, Erythromycin, Josamycin, Doxycyclin, Tetracyclin-HCl oder Dopamin können die im Warnhinweis beschriebenen Nebenwirkungen auftreten.

Dosierungsanleitung und Art der Anwendung
Soweit vom Arzt nicht anders verordnet, beträgt die mittlere Dosierung (= Langzeitdosierung) für Erwachsene und Jugendliche ab 12 Jahren 3mal täglich 20 Tropfen Dihydergot®
Die Tropfen werden mit etwas Flüssigkeit eingenommen.
Kinder von 8—12 Jahren erhalten ca. ⅔ der Erwachsenendosis.
Dihydergot® soll nach Ablauf des Verfalldatums nicht mehr angewandt werden.

Arzneimittel unzugänglich für Kinder aufbewahren!

---

1. Dihydergot® soll nicht angewandt werden bei
   - [ ] schweren Lebererkrankungen
   - [ ] Hypotonie
   - [ ] Kopfschmerzen

2. Es kann zu folgenden unerwünschten Wirkungen kommen:
   - [ ] allergischen Hautreaktionen
   - [ ] Diarrhoe
   - [ ] Obstipation

3. Es soll in folgender Menge eingenommen werden:
   - [ ] 12mal tgl. 3 Tropfen
   - [ ] 3mal tgl. 20 Tropfen
   - [ ] 2mal tgl. 15 Tropfen

4. Die Wirkung des Medikaments kann verändert werden bei gleichzeitiger Einnahme von
   - [ ] Glyceroltrinitrat
   - [ ] Acetylsalicylsäure
   - [ ] Insulin

5. Es wird verabreicht bei
   - [ ] Hypertonie
   - [ ] hypotonen Kreislaufregulationsstörungen
   - [ ] arteriellen Gefäßerkrankungen

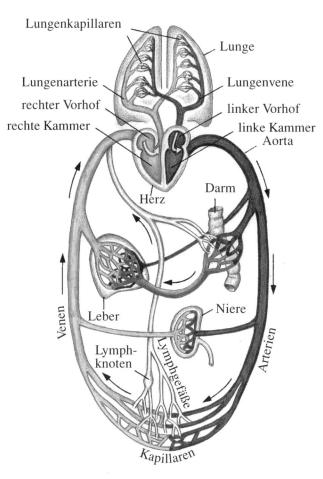

Lungenkapillaren
Lunge
Lungenarterie
Lungenvene
rechter Vorhof
linker Vorhof
rechte Kammer
linke Kammer
Aorta
Herz
Darm
Venen
Leber
Niere
Lymph-knoten
Lymphgefäße
Arterien
Kapillaren

A 4 Sehen Sie sich bitte die Abbildung vom Kreislaufsystem an und beantworten Sie folgende Fragen:

1. Aus welchen Teilen besteht das Herz?

_____

_____

_____

2. Welche Organe finden Sie im Schema? Kennen Sie noch andere Organe?

_____

_____

_____

3. Welche Gefäße finden Sie in der Abbildung?

_____

_____

_____

A 5 Tabletten stellen. Schreiben Sie bitte einen Satz aus dem folgenden Text neben das jeweils passende Foto.

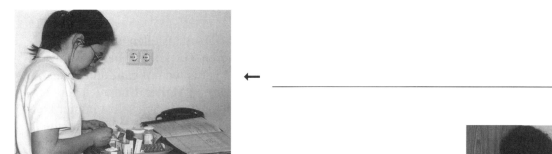

← _____

_____ →

← _____

Schwester Marion erklärt Schwester Jasmina, wie man Tabletten stellt.

1 **S. Marion:** Ich zeige dir jetzt, wie man Tabletten stellt. Wir bereiten jeden Tag für alle Patienten auf der Station die Tabletten für den nächsten Tag vor.

S. Jasmina: Also heute die für morgen?

5 **S. Marion:** Genau. Heute stellen wir die Tabletten erst mal zusammen, weil das nämlich nicht ganz einfach ist. Wir brauchen die Kurven, dort sind die Medikamente eingetragen, die die Patienten bekommen sollen. Und dann brauchen wir aus

10 dem Medikamentenschrank das Tablett mit den Medikamenten und den Tablettenschälchen. So, da haben wir alles. Dann fangen wir mal mit den Tabletten für Frau Schmitz an. Hier in der Kurve siehst du: dreimal zwei Kapseln Dusodril®, das

15 heißt, sie bekommt morgens, mittags und abends jeweils 2 Kapseln Dusodril®.

S. Jasmina: Hier ist die Schachtel Dusodril®, soll ich die Tabletten in das Tablettenschälchen tun?

S. Marion: Ja, mach das. Wenn du die Tabletten für

20 den Patienten gestellt hast, musst du hier unter den Eintragungen mit deinem Kürzel abzeichnen.

Schwester Jasmina stellt die Tabletten.

S. Jasmina: Was heißt hier ‚z. N.'?

S. Marion: Das heißt *zur Nacht,* das kommt in das

25 Kästchen für nachts, weil die Patientin das vorm Schlafen nehmen soll.

S. Jasmina: Und was steht hier unten?

S. Marion: Da stehen die Medikamente, die i. v., i. m. oder subkutan verabreicht werden. Die brau-

30 chen wir aber jetzt nicht vorzubereiten. Ach ja, wenn ein Patient Zäpfchen oder Scheidenzäpf- chen bekommt, tragen wir die mit hier oben bei den Tabletten ein.

S. Jasmina: Zäpfchen, Scheidenzäpfchen – was ist

35 das?

S. Marion: „Zäpfchen" sagt man für „Supposito- rien" und „Scheidenzäpfchen" für „Vaginalsup- positorien". Den Patienten muss man dann, wenn die Medikamente neu für sie sind, immer dazu

40 sagen, dass sie ein Zäpfchen oder ein Scheiden- zäpfchen im Medikamentenschälchen haben und das Zäpfchen in den Po und das Scheidenzäpf- chen in die Scheide einführen müssen.

S. Jasmina: Gut. Was mache ich denn, wenn ein

45 Medikament fehlt?

S. Marion: Wenn ein Medikament fehlt, musst du es in der Apotheke bestellen. Und an das Tabletten- schälchen machst du einen Zettel dran, damit das Medikament später nachgestellt wird.

50 **S. Jasmina:** Ach so.

	Arzt
oral/rektal	R 3 × 2 Dusodril Kps.
	R ½ Tbl. Rohypnol z. N.
Medikation	
i. v. i. m. s. c.	R 3 × 5.000 J. E. Heparin sc.

S. Marion: Beim Tablettenstellen muss man sich sehr konzentrieren. Guck mal: Hier haben wir zum Beispiel 2 Patienten mit ganz ähnlichen Namen – Müller und Möller. Und auch bei den

55 Medikamenten musst du dich selbst immer kon- trollieren, weil es zum Beispiel Medikamente in ähnlichen Verpackungen, mit ähnlichen Namen oder auch ein Medikament in verschiedenen Dosierungen gibt. Wenn du dir nicht sicher bist,

56 fragst du am besten. Nach dem Tablettenstellen kontrolliert einer von den Kollegen die Tabletten.

S. Jasmina: Kann man die Medikamente denn auch in irgendeinem Buch nachsehen?

S. Marion: Ja, das kannst du in der Roten Liste, die

57 haben wir hier im Schrank.

Schwester Marion zeigt Schwester Jasmina die Rote Liste.

A 6 Abkürzungen
Füllen Sie bitte die Lücken aus.

IE = internationale Einheiten
Supp. = Suppositorium
Amp. = Ampulle
Tbl. = Tablette

Kps. = _____

i. m. = _____

i. v. = _____

sc. = _____

**Tragen Sie bitte die folgende Medikation in die jeweils richtige Kategorie des Kurvenausschnittes auf Seite 154 ein.
Verwenden Sie bitte die Abkürzungen:**

3mal 2 g Claforan® intravenös

2mal 1 Voltaren® Suppositorium

1mal 1 Novodigal® Tablette

A 7 GR **Kausaler Nebensatz**

S. Marion: Bei den Medikamenten musst du dich selbst immer kontrollieren. (1. Hauptsatz)
Es gibt zum Beispiel Medikamente mit ähnlichen Verpackungen. (2. Hauptsatz)

Beide Hauptsätze können auch miteinander verbunden werden. Der Hauptsatz, der einen Grund ausdrückt, steht dann in einem Nebensatz, der mit der Konjunktion *weil* beginnt:

Konjunktion

S. Marion:
Bei den Medikamenten musst du dich selbst immer kontrollieren, | *weil* | es zum Beispiel Medikamente mit ähnlichen Verpackungen gibt.

Hauptsatz   Nebensatz

Sehen Sie sich bitte die Position des Verbs im Nebensatz an und ergänzen Sie folgende Regel:

Im Nebensatz steht das Verb am _____ .

A 8 Verbinden Sie bitte die Hauptsätze zu einem Satz mit Haupt- und Nebensatz.

1. **S. Marion:** Heute stellen wir die Tabletten zusammen. _____

   Das ist nicht ganz einfach. _____

2. **S. Marion:** Beim Tablettenstellen muss man sich sehr konzentrieren. _____

   Wir haben zum Beispiel Patienten mit ganz ähnlichen Namen. _____

A 9 **Bilden Sie bitte kausale Nebensätze.**

1. Frau Schneider bekommt eine Kopfschmerztablette, _weil sie_ _____

2. Schwester Heike ruft beim Röntgen an, _____

3. Sie müssen nüchtern bleiben, _____

4. Herr Bauer bekommt cholesterinarme Kost, _____

5. Frau Braun liegt im Krankenhaus, _____

6. Ich möchte die Ärztin sprechen, _____

A 10 **Welcher Nebensatz passt zu welchem Hauptsatz?**

	Hauptsatz				Nebensatz
1.	Der Arzt ordnet für Herrn Tacke ein Antibiotikum an,	C		A	weil sie Kreislaufstörungen hat.
2.	Frau Omori bekommt ein fiebersenkendes Mittel,			B	weil er ein blutendes Magengeschwür hat.
3.	Die Schwestern müssen für Herrn Schlosser ein Ernährungsprotokoll führen,			C	weil er eine Lungenentzündung hat.
4.	Schwester Jasmina misst Frau Schmitz den Blutdruck,			D	weil er schlecht isst.
5.	Der Pfleger informiert den Arzt,			E	weil es Herrn Meyer sehr schlecht geht.
6.	Herr Schirmer wird operiert,			F	weil sie Fieber hat.

A 11 **GR** **Konditionaler Nebensatz**

S. Marion: Ein Medikament fehlt im Medikamentenschrank. (1. Hauptsatz)
Du musst es in der Apotheke bestellen. (2. Hauptsatz)

Beide Hauptsätze können als Haupt- und Nebensatz miteinander verbunden werden. Der Nebensatz beginnt mit der Konjunktion *wenn*:

Konjunktion

S. Marion: | *Wenn* | ein Medikament im Medikamentenschrank fehlt, musst du es in der Apotheke bestellen.

Nebensatz   Hauptsatz

Der konditionale Nebensatz drückt eine Bedingung aus und steht meistens vor dem Hauptsatz. Sehen Sie sich bitte im Beispiel oben an, wo dann im Hauptsatz das Verb steht, und ergänzen Sie die Regel:

> Wenn der Nebensatz **vor** dem Hauptsatz steht, beginnt der Hauptsatz mit dem _____.
> Im Nebensatz steht das Verb wie immer am _____.

A 12 **Verbinden Sie bitte die Hauptsätze.**

1. **S. Marion:** Du hast die Tabletten für den Patienten gestellt. _____

   Du musst hier mit deinem Kürzel abzeichnen. _____

2. **S. Marion:** Du bist dir nicht sicher. _____

   Du fragst am besten. _____

A 13 Beenden Sie bitte die Sätze.

1. Wenn du mit dem Tablettenstellen fertig bist, _____

2. Wenn die neue Patientin hier ist, _____

3. Wenn Frau Müller sehr unruhig ist, _____

4. Wenn das Labor anruft, _____

5. Wenn Schwester Jasmina Frühdienst hat, _____

6. Wenn Visite ist, _____

A 14 Welcher Hauptsatz gehört zu welchem Nebensatz? Manchmal gibt es mehrere Möglichkeiten.

	Nebensatz	
1.	Wenn ein Patient absolute Bettruhe hat,	F
2.	Wenn auf der Station ein Notfall ist,	
3.	Wenn ein Patient gerade operiert worden ist,	
4.	Wenn man Tabletten stellt,	
5.	Wenn man ein Medikament nicht kennt,	
6.	Wenn einem Patienten schwindelig ist,	

	Nebensatz
A	muss man sich konzentrieren.
B	kann man es in der Roten Liste nachsehen.
C	wird er vom Pflegepersonal überwacht.
D	muss man den Blutdruck kontrollieren.
E	ruft man schnell einen Arzt.
F	darf er nicht aufstehen.

A 15 Schwester Jasmina stellt die Tabletten für alle Patienten auf der Station. Weil für einen neuen Patienten das Medikament Sinquan 50® fehlt, ruft sie in der Apotheke an. Hören Sie zuerst nur zu.
Ergänzen Sie dann bitte das Telefonat zwischen Schwester Jasmina und der Apothekerin.

Schwester Jasmina ruft in der Apotheke an.
Frau Probst, die Apothekerin, geht ans Telefon.

Frau Probst: Apotheke, Probst, guten Tag!

S. Jasmina: C 4, Schwester Jasmina, guten Tag, _____ _____. Wir haben einen _____ Patienten, der das _____ Sinquan 50® bekommt. _____ _____ das da?

Frau Probst: Sinquan 50®, _____ _____, ich schaue mal eben nach.

S. Jasmina: Gut.

Frau Probst: So, Schwester Jasmina. Also Singquan 50®-_____ haben wir nicht da, wir führen nur Aponal®-Dragees mit 25 _____. Das ist derselbe Wirkstoff, aber in einer schwächeren _____. Da müssen Sie ihm dann zwei _____ anstatt _____ Kapsel geben.

S. Jasmina: Ja gut. _____ Sie uns das _____ _____ _____ in unseren Apotheken-kasten tun?

Frau Probst: Das _____ _____ _____, aber die Apothekenkästen sind schon _____. Wir können Ihnen das erst _____ schicken, oder _____ _____ es sich hier ab.

S. Jasmina: Gut, dann holen wir es gleich. _____ sind Sie denn heute da?

Frau Probst: Bis _____ _____ können Sie kommen.

Jasmina: O.K., das machen wir, _____ _____. Auf Wiedersehen!

Frau Probst: _____ _____!

> In Deutschland gibt es häufig mehrere Präparate mit demselben Wirkstoff!

Schwester Jasmina erklärt die Einnahme der Medikamente

1 *Schwester Jasmina geht zu Herrn Möller und erklärt ihm die Einnahme der Medikamente.*

S. Jasmina: Guten Tag, Herr Möller. Ich bringe Ihnen Ihre Medikamente.

5 **Herr Möller:** Guten Tag, Schwester. Das ist nett. Was haben Sie denn da für mich?

S. Jasmina: Hier, die kleinen roten Dragees – die sind für den Kreislauf. Die nehmen Sie immer morgens nach dem Frühstück.

10 **Herr Möller:** Und wofür ist die dicke weiße Tablette da?

S. Jasmina: Die dicke weiße ist gegen Ihre Schmerzen.

Herr Möller: Das ist auch wichtig, ich habe immer

15 so starke Schmerzen. Kann ich die sofort nehmen?

S. Jasmina: Ja, die ist für jetzt. Sehen Sie, hier ist noch eine für heute Abend drin. Die lange Kapsel hier nehmen Sie bitte vor dem Abendessen mit einem halben Glas Wasser! Und das weiße Pulver müssen Sie in einem halben Glas Wasser auflösen und nach jedem Essen nehmen.

Herr Möller: Gut, und was ist in diesen Beuteln?

20 **S. Jasmina:** Das ist ein Medikament für Ihren Magen, das müssen Sie immer vor dem Essen und abends vor dem Schlafen nehmen.

Herr Möller: Ist das so ein weißer Saft?

S. Jasmina: Ja genau, das ist der weiße Saft.

Herr Möller: Dann kenne ich das, das musste ich schon mal nehmen.

25 **S. Jasmina:** Gut, und hier sind Ihre Zäpfchen, die müssen Sie bitte in den Po einführen.

Herr Möller: Ja, und wofür ist die kleine weiße Tablette?

S. Jasmina: Die ist auch für Ihren Kreislauf.

B 1 GR Adjektive nach bestimmtem Artikel im Nominativ
Suchen Sie bitte die fehlenden Adjektivendungen im Text oben.

	Singular			Plural
	Maskulinum	Neutrum	Femininum	
Nominativ (N)	der weiß___ Saft	das weiß___ Pulver	die klein___ Tablette	die klein___ Dragees

B 2 Erklären Sie bitte, gegen welche Beschwerden die Medikamente sind.

1. der Saft – rot – der Husten   *Der rote Saft ist gegen den Husten.*

2. die Kapsel – klein – die Herzbeschwerden   _____

3. die Tropfen – braun – die Magenschmerzen   _____

4. das Zäpfchen – weiß – das Fieber   _____

5. die Tablette – dick – die Entzündung   _____

6. die Dragees – grün – die Kreislaufbeschwerden _____

B 3  Jeder Kursteilnehmer bekommt drei leere Zettel, auf die er jeweils ein Nomen mit Artikel schreibt. Alle Zettel werden dann eingesammelt und gemischt. Die Kursteilnehmer ziehen nun der Reihe nach einen Zettel und sollen ein Adjektiv finden, das das Nomen beschreibt.

B 4 GR Adjektivdeklination (Nominativ, Akkusativ, Dativ)
Schreiben Sie bitte das jeweilige Kasussignal (z. B. „-r" für Maskulinum, Nominativ, Singular) rechts oben in die Kästchen.

	Singular			Plural
	Maskulinum	Neutrum	Femininum	
Nominativ (N)	der/ein **r** grüner Saft der grüne Saft ein grüner Saft	das/ein weißes Pulver das weiße Pulver ein weißes Pulver	die/eine trockene Haut die trockene Haut eine trockene Haut	die/- braune Dragees die braunen Dragees –
Akkusativ (A)	den/einen grünen Saft den grünen Saft einen grünen Saft			
Dativ (D)	dem/einem grünem Saft dem grünen Saft einem grünen Saft	dem/einem weißem Pulver dem weißen Pulver einem weißen Pulver	der/einer trockener Haut der trockenen Haut einer trockenen Haut	den/- braunen Dragees den braunen Dragees –

B 5 Ergänzen Sie bitte jeweils im ersten Satz die Adjektivendung im Akkusativ.
Für den zweiten Satz suchen Sie ein Adjektiv, das genau das Gegenteil ausdrückt.

1. S. Jasmina gibt Pfl. Jörg eine groß___ Papierunterlage. Die _____ Unterlage legt sie zurück auf den Wagen.

2. S. Marion holt sauber___ Bettwäsche. Die _____ Bettlaken tut sie in den Wäschesack.

3. Die Stationshilfe bringt Frau Fischer heiß___ Hagebuttentee. Den _____ Tee nimmt sie mit in die Küche.

4. Die Schwester nimmt die leer___ Infusion vom Ständer. Dann hängt sie die _____ Infusion an den Infusionsständer.

5. Die Ärztin untersucht den krank___ Patienten. Sie entlässt die _____ Patientin.

6. S. Heike zieht Herrn Schuster die alt___ Antithrombosestrümpfe aus. Dann holt sie ihm _____ Strümpfe aus dem Geräteraum.

B 6 Ergänzen Sie bitte die Adjektivendungen im Dativ.

1. Das Gläschen mit den braun____ Tropfen ist für Frau Nowack.

2. Die Ärztin geht zu der neu____ Patientin.

3. Einmalspritzen sind in steril____ Verpackungen.

4. Schwester Stephanie bezieht das Kopfkissen mit einem weiß____ Bezug.

5. Der Besuch kommt mit einem groß____ Blumenstrauß.

B 7 Tragen Sie bitte die Adjektivendungen ein.

1 *Schwester Jasmina stellt ihren Kollegen die neu____ Patientin vor.*

S. Jasmina: Frau Senkel ist die neu____ Patientin in Zimmer 412. Sie ist 50 Jahre alt und kommt mit 5 einer tief____ Beinvenenthrombose im link____ Bein. Sie hat absolut____ Bettruhe. Außerdem hat sie stark____ Schmerzen im recht____ Arm, da muss der Doktor noch draufgucken. Ich rufe gleich noch Dr. Ross an. Er muss Frau Senkel auch 10 ein Medikament gegen die stark____ Schmerzen verordnen, das vorig____ Medikament hat sie nicht vertragen.

Am recht____ Bein hat sie ein Ulcus und muss heute noch einen neu____ Verband bekommen. 15 Frau Senkel ist insulinpflichtig____ Diabetikerin. Ihr Insulin ist im Kühlschrank. Sie ist sehr ver-

zweifelt, weil sie eigentlich zu Hause den krank____ Vater versorgen muss. Ich rufe nach der Übergabe die Sozialarbeiterin an. Vielleicht 20 kann sie etwas für Frau Senkel organisieren.

S. Susanne: Ja, das ist gut. Hat Frau Senkel denn schon einen Heparinperfusor?

S. Jasmina: Ja, hat sie. Das war ein groß____ Problem.

Wir hatten nur noch einen kaputt____ Perfusor auf 25 der Station und mussten einen neu____ Perfusor besorgen. Der defekt____ Perfusor steht im Stationszimmer. Wir müssen ihn morgen in die Werkstatt bringen.

So, Frau Senkel hat außerdem eine Infusion 30 laufen. Wenn die Infusion leer ist, steht eine voll____ Infusionsflasche bei ihr im Zimmer.

B 8 Wie werden die verschiedenen Medikamente eingenommen?
Erklären Sie bitte, wie die Medikamente im linken Kasten eingenommen werden.
Die Erklärungen finden Sie rechts.

die Nasentropfen (Pl.)   das Scheidenzäpfchen (-)
die Ohrentropfen (Pl.)
das Zäpfchen (-)   der Saft (¨e), die Tropfen (Pl.)
die Tablette (-n), die Kapsel (-n), das Dragee (-s)
das Dosieraerosol (-e)   die Augensalbe (-n)
die Salbe (-n), die Creme (-s), das Gel (-s)
das Klysma (Klysmen)

wird inhaliert   wird in den Po eingeführt
wird oral eingenommen
wird auf die Haut aufgetragen
wird in den Po eingeführt
werden in die Nase gegeben
wird in die Scheide eingeführt
werden in die Ohren gegeben
werden oral eingenommen   wird in das Auge gegeben

B 9 👥 Partnerübung
Sie sind abwechselnd Patient oder Krankenschwester / -pfleger.
Erklären Sie bitte den Patienten die Einnahme ihrer Medikamente.
Überlegen Sie sich Symptome, oder suchen Sie sich welche aus dem Kasten aus,
gegen die die Medikamente helfen.

---

die Übelkeit (Sg.)   *der Juckreiz (Sg.)*   *die Kopfschmerzen (Pl.)*   *die Schlaflosigkeit (Sg.)*

die Magenschmerzen (Pl.)   *die Kreislaufbeschwerden (Pl.)*   *die Verstopfung (Sg.)*   *das Fieber (Sg.)*

das Erbrechen (Sg.)   *der hohe Blutdruck (Sg.)*

Herr Schneider: 3 x 1 grüne große Tablette mit einem
Glas Wasser
eine dicke weiße Tablette zur Nacht
3 x 1 Zäpfchen

Beispiel:
S. Jasmina: Herr Schneider, ich bringe Ihnen Ihre
Medikamente. Nehmen Sie bitte die grüne große
Tablette morgens, mittags und abends mit einem
Glas Wasser.
Herr Schneider: Wogegen ist die denn?
S. Jasmina: Die ist gegen Ihren Juckreiz. Und hier
die dicke weiße Tablette ist gegen die Schlaflosig-
keit. Nehmen Sie die so um 22 Uhr. Und hier sind
Ihre Zäpfchen, die sind gegen die Übelkeit. Füh-
ren Sie die bitte morgens, mittags und abends in
den Po ein.

Frau Sülz: 1 x 1 blauweiße Kapsel – morgens vor
dem Essen
1mal täglich ein Vaginalsuppositorium
2 x 2 rote Dragees

Herr Lange: vor dem Essen eine lange pinke Kapsel
nach dem Essen eine kleine weiße Tablette

Herr Yilmaz: 3mal täglich Augentropfen
vor dem Essen einen Esslöffel Saft
vor dem Schlafen 15 Tropfen

Frau Klein: nach dem Essen eine dicke weiße
Tablette
3mal täglich 20 Tropfen
vor dem Schlafen ½ Tablette
3mal täglich Nasentropfen

v 1 Ergänzen Sie bitte folgende Wörter aus Lektion zwölf:

die Neben—————————————— die Anwendungs——————————————

die Zusammen—————————————— die Augen——————————————

die Gegen—————————————— das Vaginal——————————————

v 2 Schreiben Sie bitte zu jedem Oberbegriff drei Wörter mit Artikel und Pluralendung auf. Diese Übung bezieht sich auf Vokabeln aus den Lektionen eins bis zwölf.

Abteilungen in der Klinik

—————————————————————
—————————————————————
—————————————————————

Zimmer auf der Station

—————————————————————
—————————————————————
—————————————————————

Berufe in der Klinik

—————————————————————
—————————————————————
—————————————————————

Tätigkeiten einer deutschen Krankenschwester

—————————————————————
—————————————————————
—————————————————————

Untersuchungen

—————————————————————
—————————————————————
—————————————————————

Krankheiten

—————————————————————
—————————————————————
—————————————————————

Organe

—————————————————————
—————————————————————
—————————————————————

Körperteile

—————————————————————
—————————————————————
—————————————————————

Instrumente

—————————————————————
—————————————————————
—————————————————————

Hilfsmittel zum Gehen

—————————————————————
—————————————————————
—————————————————————

Kostformen

—————————————————————
—————————————————————

Mahlzeiten

—————————————————————
—————————————————————

Anleitung zum Abschlußspiel

Spiel: Ein Tag auf der Station C 5

Anzahl der Spieler:
6 – 10 Spieler, die jeweils in 2er Gruppen spielen

benötigte Utensilien:
pro Gruppe eine Spielfigur, ein Würfel

Ziel: Die Spieler gehen durch verschiedene Zimmer auf einer Station, in denen sie die auf dem Spielfeld angegebene Situation im Rollenspiel realisieren sollen. Eine Person spielt jeweils die Krankenschwester, der Partner spielt die in der Aufgabe angegebene Person, z. B. einen Patienten.
Hat eine Gruppe die Aufgabe in einem Zimmer erledigt, wird dieses für die anderen gesperrt und in das Zimmer ein Kennzeichen für die Gruppe, z. B. ein Buchstabe eingetragen. Die Gruppe, die am Ende des Spieles die meisten Zimmer gesammelt hat, ist Gewinner.

Fortbewegung auf dem Spielplan:
Die Gruppe, die die höchste Zahl würfelt, beginnt. Sie geht so viele Schritte, wie der Würfel anzeigt. Dabei darf die Spielfigur in alle Richtungen bewegt werden. Nach einer Sechs darf noch einmal gewürfelt werden.

die Schwester   Dr. Klöck

Frau Schulz   Frau Hammer

Frau Müller   Herr Plank

Herr Sommer   Frau Schwarz   Herr Kluge   Frau Peters

Frau Schlösser   Herr Seidel   Frau Klein   Herr Schmitz

Frau Schulz klingelt, weil sie Hunger hat. Sie darf nicht essen, weil sie heute operiert wird.

520

Sie bringen Frau Hammer das Mittagessen. Sie soll zum Essen aufstehen und sich an den Tisch setzen. Sie will nicht aufstehen, reden Sie mit ihr.

521

Sie sollen Herrn Schmitz in den OP bringen. Fordern Sie ihn auf, zur Toilette zu gehen und die Antithrombosestrümpfe anzuziehen. Fragen Sie ihn, ob er eine Zahnprothese hat.

522

Aufzug

Aufzug

Besu-cher WC

WC   **WC**

START

Treppenhaus

Spül-raum
Ein Besucher kommt und fragt, wo Herr Sommer liegt. Erklären Sie ihm den Weg.

Teeküc
Sie sind di neue Kran kenschwe ter. Ihr Par ner ist die Stations-schweste und stellt der Kolleg vor.

510

Sagen Sie Frau Schlösser, dass sie alleine zum EKG in der 2. Etage, 3. Zimmer links, Zimmer Nr. 213 gehen soll. Sie weiß den Weg nicht.

511

Sie bringen Herrn Plank seine Medikamente. Er weiß nicht, wie er sie einnehmen muss. (2 gelbe Tbl. gegen Husten vorm Schlafen, ein Zäpfchen morgens)

512

Herr Seidel sieht sehr schlecht aus. Er klagt über Übelkeit und Kopfschmerzen. Messen Sie ihm den Blutdruck und Puls und sagen Sie, dass Sie den Arzt informieren.

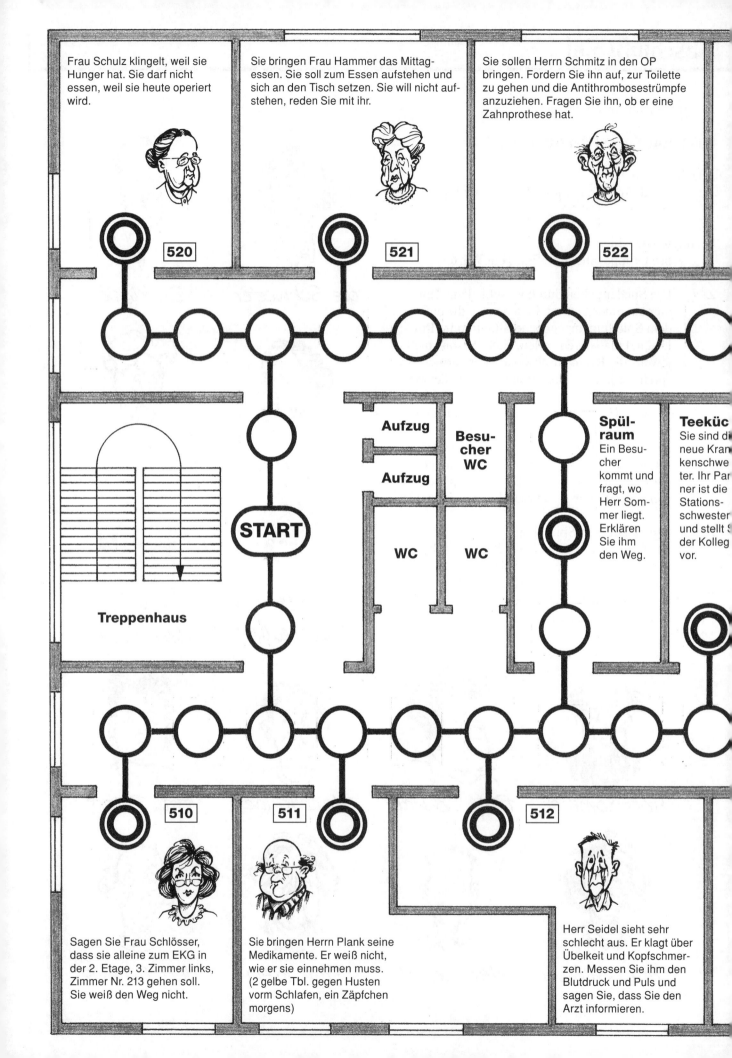

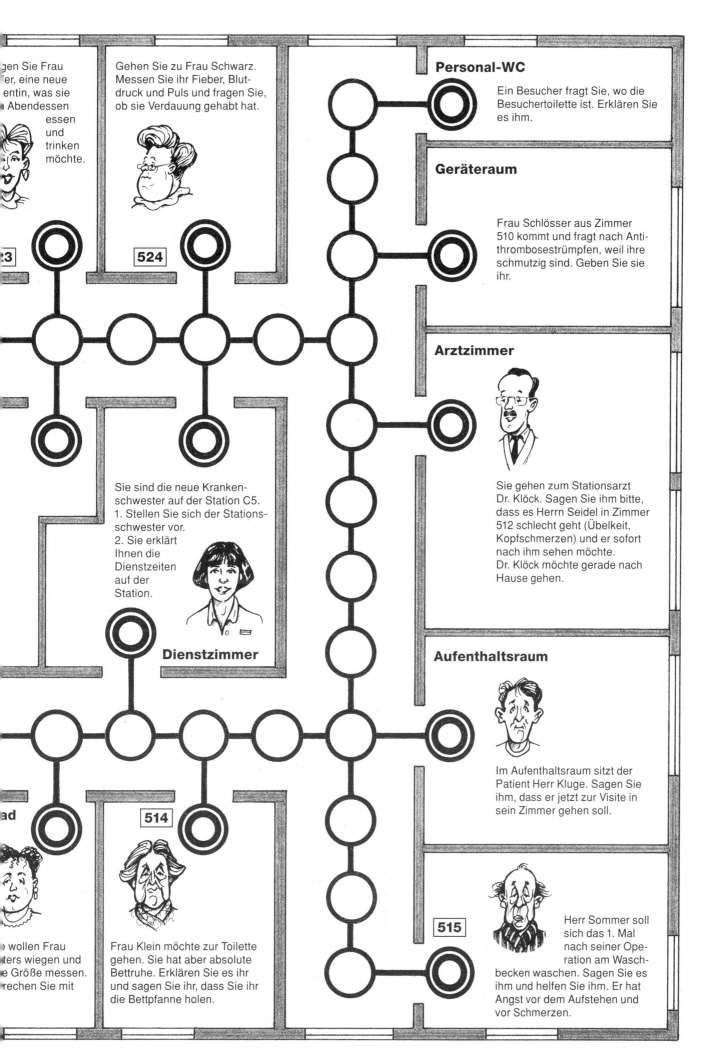

gen Sie Frau
er, eine neue
entin, was sie
Abendessen
essen
und
trinken
möchte.

Gehen Sie zu Frau Schwarz.
Messen Sie ihr Fieber, Blutdruck und Puls und fragen Sie,
ob sie Verdauung gehabt hat.

Personal-WC

Ein Besucher fragt Sie, wo die
Besuchertoilette ist. Erklären Sie
es ihm.

Geräteraum

Frau Schlösser aus Zimmer
510 kommt und fragt nach Anti-
thrombosestrümpfen, weil ihre
schmutzig sind. Geben Sie sie
ihr.

3

524

Arztzimmer

Sie sind die neue Krankenschwester auf der Station C5.
1. Stellen Sie sich der Stationsschwester vor.
2. Sie erklärt
Ihnen die
Dienstzeiten
auf der
Station.

Sie gehen zum Stationsarzt
Dr. Klöck. Sagen Sie ihm bitte,
dass es Herrn Seidel in Zimmer
512 schlecht geht (Übelkeit,
Kopfschmerzen) und er sofort
nach ihm sehen möchte.
Dr. Klöck möchte gerade nach
Hause gehen.

Dienstzimmer

Aufenthaltsraum

Im Aufenthaltsraum sitzt der
Patient Herr Kluge. Sagen Sie
ihm, dass er jetzt zur Visite in
sein Zimmer gehen soll.

ad

514

515

Herr Sommer soll
sich das 1. Mal
nach seiner Ope-
ration am Wasch-
becken waschen. Sagen Sie es
ihm und helfen Sie ihm. Er hat
Angst vor dem Aufstehen und
vor Schmerzen.

e wollen Frau
ters wiegen und
e Größe messen.
rechen Sie mit

Frau Klein möchte zur Toilette
gehen. Sie hat aber absolute
Bettruhe. Erklären Sie es ihr
und sagen Sie ihr, dass Sie ihr
die Bettpfanne holen.

Vokabelregister

Fotos: Frank Sensen, Düsseldorf
Fotos auf S. 127, 130, 133, 134, 135: Elisabeth Mitterwallner, München

Alle Illustrationen und handschriftliche Beispiele:
Jürgen Bartz, München

Zeichnung der Grundrisse S. 12 und S. 23: Günter Bolten, Düsseldorf

S. 48   Mit freundlicher Genehmigung von AID e.V. Bonn. „Brot" aus: Verbraucherdienst informiert. 1004. 1991, S. 16, 20, 26, 27, 32.

S. 81, 83, 84
     Mit freundlicher Genehmigung der Hinz Fabrik GmbH, Hinz Krankenhaus-Organisation. Berlin. © Kurvenvordruck R 07451.3.

S. 116   Mit freundlicher Genehmigung von Franz Müller GmbH & Co KG. Engelskirchen. © „Müller Betten", Foto S. 6.

S. 119   Mit freundlicher Genehmigung der Hoechst AG, Boehringer Mannheim GmbH. © Diabetesbroschüre, Vorderseite.

S. 122   Mit freundlicher Genehmigung des Instituts für Medienforschung und Urbanistik. München. Gesundheitszustand der Deutschen. 921121. © imu (Allensbach).

S. 151   Mit freundlicher Genehmigung von Bayer Leverkusen. Beipackzettel von Aspirin.

S. 152   Mit freundlicher Genehmigung von Sandoz AG, Nürnberg. Beipackzettel von Dihydergot.

Lektion 11 und 12:
     Mit freundlicher Genehmigung von Optiplan. Düsseldorf. © Kurvenausschnitte aus Blatt OP 31 und Blatt OP 202.